Ce qui est caché aux sages et aux intelligents

Du même auteur aux Éditions de l'Homme Vrai :

L'Homme est un dieu… déguisé en âne
De la vision de l'âne… à la vision divine

Thierry Salmeron

Ce qui est caché aux sages et aux intelligents

Comment faire d'une utopie une réalité

éditions mols

Collection Être et Conscience

www.editions-mols.eu

Sommaire

Avertissement

Cet ouvrage est la retranscription condensée d'un séminaire de Thierry Salmeron.

AVANT-PROPOS

Nous créons des films dans notre tête à chaque seconde et nous y adhérons. C'est un réflexe qui s'installe, malgré nous, à la vitesse de l'éclair.

Nous ne sommes jamais sereins. Quoique je regarde, j'entende, je sente, je goûte ou je touche, des pensées vont arriver en se bousculant dans ma tête sans que je ne puisse rien y faire.

C'est ce qui me fatigue et sabote ma joie de vivre car, la science le prouve, les pensées me pompent 99 % de mon énergie vitale.

Ont alors été inventés : le matérialisme pour le confort et la distraction, la religion pour satisfaire une prédisposition à la soumission, l'analyse pour expliquer la pensée, la spiritualité pour expliquer la non-pensée, et les méthodes ou autres pratiques pour replâtrer les vides existentiels de nos vies.

Mes parents m'ont transmis une vie insatisfaisante que je transmets à mes enfants qui la transmettront aux leurs et rien ne change jamais.

Mais... avant tout ça? À l'origine? Avant les grandes déviances, qu'y a-t-il? Que découvrons-nous lorsque nous arrêtons d'adhérer aux films que nous créons?

Est-il possible que le petit moulin dans notre tête, ralentisse, ralentisse, puis finisse par s'arrêter, offrant un esprit clair dans un corps débordant d'énergie?

Est-il possible qu'une vie nouvelle, où la peur n'est pas invitée, se révèle alors?

C'est ce que ce livre démontre. Il est issu des séminaires qu'anime l'auteur partout dans le monde et qui révolutionnent la vie de milliers de personnes.

Action!

INTRODUCTION

Qui est Thierry Salmeron ?

Je fais partie de l'organisation de l'Homme vrai. Celle-ci regroupe plusieurs personnes qui ont beaucoup de points communs, c'est d'ailleurs pour cette raison qu'elles se sont rencontrées. Le point commun principal est que ces personnes ont une passion pour la vie et ce qui fonctionne dans cette vie. Elles adorent l'efficacité, le pratique, car elles se sont aperçues que la vie fonctionne comme cela.

C'est-à-dire ?

La vie ne s'embarrasse pas de forme. Elle vise le fond, directement. Un guépard attrapant une gazelle ne va pas faire de chichis. Il va la déchiqueter, la gueule rouge de sang et la gazelle va connaître la peur et la souffrance.

Si vous avez un cancer, le médecin qui vous l'annonce va peut-être y mettre les formes, mais, la vérité, c'est qu'à l'intérieur de vous quelque chose vous ronge et que vous allez peut-être mourir dans la souffrance et la peur.

Tout ça pour annoncer que je n'utilise pas la forme qui nuit à l'efficacité du fond. C'est très dépouillé pour être accessible. Je suis un fan de l'efficacité, de ce qui fonctionne. Après, libre à vous d'y rajouter ce que vous voulez et de l'alourdir avec vos croyances pour le rendre moins facile à mettre en pratique.

Par exemple, dans les arts martiaux que j'ai longtemps pratiqués, si je dois vous enseigner ce qui fonctionne, je ne vous apprendrai que trois choses. La frappe la plus efficace aux yeux, à la gorge et au bas-ventre. Le tout, avec un minimum d'efforts pour un maximum d'efficacité avec un temps d'apprentissage éclair. L'autonomie sans perte de temps et d'énergie, c'est ce qui m'intéresse. Maintenant, libre à vous de rajouter à ces réflexes simples et efficaces, des coups de pieds sautés, une analyse de la vitesse de déplacement de la main, un dieu qui vous protège ou un principe universel ésotérique.

Ceci pour dire que je vais vous donner ce qu'il y a de plus efficace, de plus simple et de plus pratique pour sortir de la peur, cultiver votre volonté de changer et mener une vie consciente, c'est-à-dire ne plus adhérer aux films que vous vous créez à chaque instant et qui vous desservent mais plutôt vous servir du mental comme l'outil qu'il est.

Si vous le mettez en pratique, vous allez voir que ça fonctionne. Après toutes ces années de recherche, vous allez être surpris que quelque chose d'aussi simple vous ait échappé !

Pourquoi cela m'a-t-il échappé ?

Cela vous a échappé, comme à tout le monde, parce que vous êtes distrait. Comme en ce moment où vous avez votre bloc-notes sur les genoux, prêt à tout noter. C'est la peur. Vous ne pouvez tout écouter et noter en même temps. Et pire, vous allez passer à côté de l'ambiance qui, à votre insu, vous enseigne. Sans noter, mes paroles vont entrer en vous, ne vous inquiétez pas. Sinon, vous allez rentrer chez vous, dimanche soir, avec vos notes ou votre enregistrement, les consulter dans la semaine, et, bien sûr, ne plus rien comprendre. Alors, vous devrez vous tourner vers une autre source de connaissances où vous noterez de nouveau et ce, ad vitam aeternam…

Quand vous achetez mes livres et assistez à mon séminaire, vous payez le prix de votre distraction, de votre ignorance et de votre fainéantise.

Vous y allez un peu fort!

Je vous avais prévenu: pas de forme! (Rires).

Vous savez, quand j'interviens dans une entreprise, le patron veut de l'efficacité, je ne peux pas me permettre de l'endormir avec des croyances, de l'intuition ou des probabilités. Il veut du sûr. Il a d'ailleurs raison. Et c'est ce que je lui offre.

Vous critiquez les croyances…

Je critique tout! (Rires). « Je ne dois pas critiquer » ne fait pas partie de mon système de croyances… Puisque je n'en ai pas. La critique fait avancer les choses lorsqu'elle est bien menée. Dès l'école, nous critiquons dans des dissertations. Mais ça, nous l'avons oublié. D'ailleurs, la finalité de chaque éducation est la formation à l'esprit critique, notamment pour s'émanciper et acquérir de l'autonomie.

Vous savez, et c'est un exemple parmi des milliers d'autres, heureusement que des Italiens, il y a longtemps, ont critiqué, sinon, nous aurions tardé à apprendre que la terre n'est pas au centre de l'univers ! Bon, ils ont été brûlés. Mais l'Église catholique a reconnu son erreur... Il y a à peine trente ans !

Je ne suis pas un rappeur plaintif ou un comique désabusé qui finira dans l'alcool ou avec un cancer. Si je critique, c'est que je propose quelque chose que j'utilise au quotidien et qui fonctionne.

Il y a eu beaucoup de lois obsolètes qui ont changé parce que quelques individus clairvoyants s'y sont opposés et les ont transgressées. Après la mort, dans les prisons, de ces esprits avant-gardistes, les lois ont changé car on s'est aperçu qu'ils avaient raison.

Pour ma part, je ne vais transgresser aucune loi à part celle de l'inconscience et ce dont je vais vous parler est résolument nouveau. Le discours, certains diront qu'ils l'ont déjà entendu. S'ils ne l'ont pas mis en pratique, c'est que, soit ces personnes sont des ânes bâtés, soit ils n'avaient pas les moyens pratiques de l'expérimenter, soit... les deux!

Parce que les moyens pratiques de passer à l'action dont je vais vous parler n'ont jamais été présentés. Peut-être vais-je en essuyer les plâtres car c'est une façon d'appréhender la vie qui doit avoir trente-cinq ou cinquante ans d'avance, mais peu importe.

Alors, que proposez-vous?

Je vous propose de découvrir ce qui apparaît dans notre vie lorsque nous arrêtons d'adhérer aux films que nous créons à chaque seconde dans nos têtes. Vous allez tout à coup prendre conscience que vous êtes à l'école de la vie et je suis ici pour vous présenter l'enseignant. Je ne suis pas un gourou, je vous mets en relation puis disparais. Quand vous sortirez de ce séminaire, vous connaîtrez votre enseignant, et moi, je me retirerai, vous serez auto-référents.

Si nous nous revoyons plus tard, ce sera à votre initiative, par exemple si vous souhaitez refaire le séminaire puisqu'il est gratuit par la suite. Vous pourrez y assister de nouveau avec votre nouvelle façon de voir les choses. En plus, c'est vrai qu'il y a une ambiance incomparable et puis... on y mange bien ! (Rires).

Vous faites votre publicité !

C'est le seul séminaire satisfait ou remboursé. Osez faire ça et nous en reparlerons !

Quant à la publicité, je vous vois maquillée et très bien habillée, c'est une publicité pour qui ? Pour vous, non ? Ne rougissez pas, c'est naturel, comme le paon qui fait la roue, nous vendons notre image aux autres et ce n'est pas malhonnête. Tout à l'heure, quand vous vous êtes installée, je vous ai vu faire un sourire à Monsieur au premier rang, digne d'une publicité pour un dentifrice. C'est vrai qu'il est charmant, mais c'est quand même de la publicité... Pour vous ! (Rires).

Cela dit, même si je suis rasé, que ma chemise est propre et mes chaussures sont cirées, je ne vais pas courtiser mon auditoire, je laisse ça aux précieuses ridicules. Non, vous allez certainement vous prendre des gifles, mais avant de demander le remboursement, et c'est votre droit, vous devez vivre le séminaire jusqu'à la fin. Ce séminaire, essentiel, a la capacité de libérer votre esprit si vous le mettez en pratique, mais avant, peut-être, il vous aura fait très mal. Tout dépend du degré d'attachement à vos illusions. Bon, passons aux choses sérieuses…

Premier Module

Allons directement à la racine de tous nos problèmes

Sans perdre de temps, nous allons aller directement à la racine de tout problème. Savez-vous où elle se trouve ?

En nous ?

Trop vague.

Là. (Montrant la tête).

Donc, c'est dans notre tête, c'est le mental. C'est donc lui le fauteur de troubles qui n'arrête pas de nous envahir de pensées ? Il est mauvais alors ?

Non, il nous sert aussi.

Ah ! Alors, il serait bon de savoir à quoi sert ce mental dans notre tête et ce, le plus simplement possible.

…

Vous ne savez pas l'exprimer simplement, vous voyez, c'est ça le problème.

Je vais vous le dire : le mental enregistre l'instant. Indéfiniment. Et, tel un ordinateur, il classe les informations, ouvrant de nouveaux dossiers pour les nouvelles infos et nous ressortant les données nécessaires à notre fonctionnement.

Bon, on a dit que c'est un ordinateur avec caméra ou webcam qui enregistre le moment présent. Il classe, nous ressort les informations utiles, prévoit, bref, comme une secrétaire qui vivrait constamment à nos côtés. Non, Monsieur avec le pull beige, là-bas, c'est une image, je vois vos yeux briller tout à coup… (rires).

Ce mental m'a l'air fabuleux. C'est grâce à lui, donc, que tout à l'heure, vous n'aurez pas besoin de réapprendre à tenir votre fourchette pour manger, c'est aussi grâce à lui que vous retrouverez votre voiture et n'aurez pas besoin de réapprendre à conduire. C'est aussi grâce à lui que vous enregistrez mes paroles. C'est vraiment un outil fabuleux et indispensable.

Pourquoi donc est-il à l'origine de tout problème ? Je ne comprends pas.

Il est envahissant.

Qu'est-ce qu'il envahit ?

Nous. Moi !

Ah ! C'est intéressant. Ça confirme qu'il n'est pas vous, que vous n'êtes pas vos pensées. Alors qui êtes-vous ? Je plaisante, nous n'allons pas répondre à ça, c'est la question d'une vie. Et en même temps, nous y répondons puisque vous savez qui vous êtes par ce que vous n'êtes pas. Mais, dans l'immédiat, ce qui est essentiel, c'est de se rendre compte que ce mental n'est pas nous. C'est juste quelque chose à notre service. C'est capital. Cette partie du cerveau n'est pas nous. C'est un outil. Comme un ordinateur ou une employée à votre service. Comme une secrétaire, enregistrant le présent, classant, vous rappelant ce dont vous avez besoin dans l'instant, planifiant.

Savez-vous que si ça s'arrêtait là, nous vivrions dans un monde réellement fabuleux ? Mais bon, que se passe-t-il en réalité ?

Le mental prend les commandes ?

Eh bien justement : non ! Je vais corriger ici, et c'est nouveau, une énorme erreur commise depuis des lustres et qui continue, pour votre plus grand malheur, de se perpétuer. Le mental, comme une secrétaire avisée, n'a aucun pouvoir. Vous êtes le seul décisionnaire et, retenez bien ceci, le seul responsable. Ici se termine le temps des :

- « Ce n'est pas moi, c'est mon mental ! »
- « Oh ! Mon mental m'a encore joué des tours ! »
- « Ah ! Il est fort ce mental, il est rusé et malin ! »
- Etc.

Vous commencez à comprendre que le mental n'existe pas. Nous utilisons ce mot pour communiquer ensemble. Le mental c'est comme une secrétaire, elle est là pour nous aider. Il n'est coupable de rien. C'est nous qui ne sommes pas conscients de ce qu'il nous présente.

Pourquoi ? Par négligence de notre part, par fainéantise, par manque de vigilance, bref, par inconscience.

Le premier réflexe de l'être humain est de trouver un coupable autre que lui. Le mental est le coupable intermédiaire parfait. C'est un peu moi mais ce n'est surtout pas moi. Alors que, écoutez bien, le mental, face à une situation, nous propose ce qu'il a en stock concernant cette situation. Ceci est censé nous aider : succès passés, échecs passés, alertes, etc. C'est selon notre état d'esprit que nous allons réagir à ces informations neutres. Oui, ces informations sont neutres. C'est parce que nous y rajoutons l'émotion que ces informations issues du mental prennent une teinte. Ces informations prennent alors toute la place, bouchant nos sens et conditionnant nos actions futures ainsi que nos paroles et pensées.

La seule chose qui nous incombe, c'est de voir ce que notre mental nous propose. Il n'y a rien d'autre à faire que voir. Puis agir. Nous avions diabolisé le mental afin de nous déresponsabiliser en trouvant un coupable. Le premier pas vers la liberté est de reconnaître cela.

Que vous ayez une attitude dite de « winner » ou de « looser » devant les informations que votre mental vous propose, il faut voir maintenant que ces deux attitudes extrêmes ne reflètent pas la réalité qui elle est neutre.

Le bébé qui apprend à marcher et qui tombe se relève, tombe de nouveau avant de se relever, reçoit des informations de son mental de bébé et cela l'aide. Il est neutre. Jamais il ne se dira: « Je suis nul! », « Je n'y arriverai pas tout seul! » ou, au contraire, « Je suis le meilleur! », « Je suis un killer! »

Oui mais que fait-on avec ces émotions quand elles arrivent? On les réfrène?

Surtout pas malheureuse! Sortez vos poubelles! Quand votre fidèle mental va vous proposer des informations ayant trait à la situation que vous vivez, vous pouvez ressentir une émotion. Que faire avec cette émotion? Vivez-la! Mais cette fois-ci, consciemment, nous verrons plus tard ce que cela veut dire.

Vous rencontrez une personne. Votre mental vous indique qu'elle ressemble à votre ex-mari avec qui cela s'est très mal passé. C'est juste une information. Neutre. Ce que vous en faites par la suite ne regarde pas votre mental, ce n'est que vous que cela regarde. Si cela provoque une réaction émotionnelle, alors, laissez-la sortir. C'est de la « boue résiduelle ». Laissez sortir de vous cette boue. Si vous ressentez de la colère envers quelqu'un, exprimez-la, laissez sortir ce « venin émotionnel ».

Voir suffit. Suffit à quoi ? À ce que cela diminue à force de voir. Un jour, rien ne sortira dans telle ou telle situation. C'est juste la résultante de votre vigilance. Ne réfrénez donc pas ce qui vient quand le mental vous propose des informations sous forme d'images, de vidéos ou autre.

Oui mais la personne qui se trouve en face, qui subit cette décharge d'émotions, elle n'a rien demandé ?

Ah oui ? Alors pourquoi est-elle là ? C'est une expérience qu'elle doit vivre, alors elle la vit. Peut-être doit-elle elle aussi sortir cette boue émotionnelle dont elle n'a pas conscience. C'est une interaction.

Ces deux personnes se sont données rendez-vous. Est-ce un bien ? Est-ce un mal ?

Avez-vous tout de même un « petit truc » pour être moins dans l'émotion ?

Je vous le donne, mais ce n'est pas un petit truc. Vous ne pourrez pas en faire une méthode. Le voilà : plus vous serez dans l'action, moins vous serez sujets à l'émotion. Ce sera une résultante, n'attendez rien. Nous sommes plus facilement sujets à l'émotion lorsque nous n'agissons pas, préférant réfléchir beaucoup par peur de l'erreur, en ayant une attitude passive de spectateur inactif.

C'est beaucoup plus clair, maintenant.

Surtout, n'oubliez pas que les informations apportées par le mental sont neutres. Même si ce sont des souvenirs, c'est vous qui vous laissez aller à la nostalgie vous masquant la réalité. C'est vous qui répétez les anciennes façons de fonctionner, c'est vous qui fabriquez des projections anxieuses dans un futur qui n'existe pourtant pas encore. C'est encore vous qui superposez à la réalité des petits films peureux ou héroïques. Vous vous éjectez vous-mêmes de l'instant. Vous refaites les mêmes choses ne boucle et vous vous empêchez de faire de nouvelles choses.

Quel est le problème ?

Vous voulez dire : quel est le problème de ne pas vivre le moment présent, de ne pas vivre la réalité ?

Oui, c'est ça.

Vous me demandez pourquoi nous ne sommes pas venus sur terre pour rêver du matin au soir et vivre une vie d'esclave, manipulés par une succession de petits films auto-créés, c'est ça ?

Euh... Présenté comme ça...

Je ne vous répondrai pas, par contre, je vais continuer.

Au fur et à mesure du séminaire, nous verrons l'intérêt vital de vivre dans le moment présent. D'ailleurs, avez-vous conscience qu'il n'existe que le moment présent ? Non, vous le savez, car c'est logique, personne ici ne peut revivre le passé ou vivre déjà le futur, mais vous n'en avez aucune conscience car vous ne vivez pas le moment présent.

Alors, comment fait-on pour ne vivre que dans le moment présent ?

J'aimerais bien le savoir.

Vous avez lu des tas de livres spirituels, écouté des maîtres éveillés et vous ne savez même pas ça ? Tant de connaissances accumulées pour vous retrouver aussi ignorant devant ma question que le quidam pris au hasard dans la rue. Ce n'est pas trop frustrant ?

Mais je suis dans le moment présent.

Ah oui ? Que faites-vous ici alors ? Vous avez vu de la lumière, vous êtes entré ?

Non, c'est pour confronter nos connaissances.

Tandis que nous conversons, êtes-vous dans le moment présent ?

Oui.

C'est faux. Vous utilisez votre mental pour me parler, vous n'êtes donc pas dans le moment présent. D'ailleurs, je pense que vous n'y êtes quasiment jamais. Si vous viviez le moment présent, vous ne seriez pas ici, ou alors, à ma place.

Quand vous aurez connu le moment présent, il en sera fini des séminaires, des livres et des conférences, vous lirez ailleurs l'enseignement de la vie.

Soit vous restez campé sur vos positions et vous allez souffrir tout le week-end et même après, soit vous vous ouvrez, posez vos connaissances, vos croyances et vos certitudes à côté de vous et, dimanche soir, vous verrez si vous les reprenez ou pas. Mais généralement, vous ne retrouvez plus qu'un petit tas de cendres ! (Rires).

Démasquons notre auto-sabotage

Alors, je vous repose la question : comment fait-on pour n'être que dans le moment présent ?

Pas de réponse, d'accord, nous y reviendrons plus tard.

Êtes-vous d'accord avec moi pour affirmer que, comme nous nous auto-manipulons et que nous ne nous en apercevons pas, il nous faudrait quelque chose pour nous apercevoir que nous sommes dans nos films au lieu d'être dans la réalité ?

Oui !!!

Eh bien réjouissez-vous, ça existe. Cela s'appelle les outils et, vous pouvez chercher partout, personne ne les a encore offerts en une liste simple et pratique. C'est pour vous aujourd'hui. Mesurez-vous l'importance de ce qui vient d'être dit ?

Oui !!!

Je suis en train de vous dire que cela fait 20, 30, 40, 50 ans et plus que vos films vous manipulaient à votre insu, et qu'enfin vous allez pouvoir les démasquer ! Je veux voir les yeux briller ! Ça révolutionne une vie ! Sautez à pieds joints sur les tables, faites tourner les serviettes !

Savez-vous pourquoi vous ne sautez pas au plafond à l'annonce de cette merveilleuse nouvelle ?

Parce que vous êtes dans vos films et que vous aimez cela.

Est-ce qu'il n'y a pas une notion de niveau pour changer ?

Précisez. Posez une question directe.

Eh bien en fait, je me demande si j'arriverai à appliquer ce que vous allez nous dire.

(Claquement de doigts). Bravo ! Voici un des outils ! Qu'est-ce que vient d'émettre mademoiselle ?

Un doute ?

Tout à fait. Un doute. À l'instant où elle m'a répondu, c'était une réponse issue d'un film qu'elle s'est fait, cela donne donc une réponse teintée de doute.

Pourquoi ? Parce qu'elle a tout simplement fait référence au futur et, en plus, certainement sur la base de références passées. J'explique. Pour vous expliquer, d'ailleurs, je vais utiliser mon esprit. Voyez quel outil fabuleux il est quand je le mets à mon service !

Je vais analyser une fois cet outil pour vous et, après, ce sera fini. Un outil n'a pas besoin d'être analysé car l'analyse c'est le mental.

Voyez que, quand elle a dit : « Je me demande si j'arriverai à appliquer ce que vous allez me dire », son film la projette dans un futur qui n'existe pas ! Le pire, c'est que je n'ai même pas encore donné les outils ! Et je devine que ce doute est un comportement passé habituel, je me trompe ?

C'est ça, je doute toujours.

Voyez comment vous sabotez le travail d'un outil fabuleux comme le mental, que vous ne mettez pas à votre service quand vous faites des films. Pourquoi ? Parce que vous créez votre réalité à partir de vos pensées, paroles et actions. Des pensées de doute vont donner une vie de doute. Des pensées de peur vont donner une vie peu engageante. Des pensées de colère vont attirer à vous des événements violents.

Vos pensées non vues telles que des pensées de culpabilité, d'auto-jugement, de dévaluation de soi vont aimanter à vous des événements leur ressemblant. Les événements de votre vie vont vous donner raison. Si vous avez des pensées de victime, vous allez passer toute votre vie en tant que victime, sauf… si, maintenant, vous voyez que ces pensées… ne sont que des pensées ! C'est-à-dire que, si vous ne leur apportez aucun crédit, elles ne créeront rien dans votre vie.

Je vais vous raconter une histoire vraie. C'est un apprenti boulanger à qui, un soir, son nouveau patron laisse le soin de fermer le fournil. Lors de son inspection avant fermeture, le jeune homme vérifie la chambre froide dont la porte, accidentellement, se referme derrière lui. Comme c'est un ancien système de fermeture, la porte ne peut s'ouvrir de l'intérieur. Sa première pensée est « Je vais mourir de froid ». Effectivement, quand il est retrouvé le lendemain matin, il présente tous les symptômes de l'hypothermie et doit être hospitalisé dans un état grave. Sauf que la chambre froide, vide, n'était pas branchée. Et même si la température intérieure était loin d'être confortable, elle ne pouvait engendrer une hypothermie.

Ce jeune homme n'a pas vu ses pensées morbides. Il a laissé ses pensées l'envahir, donc celles-ci se sont changées en émotions et son corps a appliqué ce que ses pensées non vues dictaient.

Assurément, s'il avait identifié ses pensées, ce que personne ne fait, et vu que ce n'étaient que des pensées, c'est-à-dire rien de réel, il n'en serait pas arrivé à cette extrémité.

Mais moi il m'arrive de me rendre compte que je pense.

Oui, une fois sur mille. Combien avez-vous laissé passer de pensées de doute, d'incertitude, de peur ?

Nous devons donc voir toutes nos pensées ?

Il s'agit dorénavant de vous observer : pensées, émotions, qui ne sont que des pensées s'étant emparées de vous, paroles et actes.

Il s'agit d'inverser la machine. Le mental vous sert et vous vous faisiez des films à partir de cette matière première. Maintenant, vous devez le voir à l'œuvre pour ne pas « partir en live » à partir de ce qu'il vous présente pour vous aider.

Je ne me sens pas capable d'être attentive toute la journée!

(Claquement de doigts). Voilà un bel outil encore une fois! Que vient d'émettre Madame?

Un doute.

Oui, plus une auto-dévaluation. Là encore, c'est quelqu'un qui était dans son film intitulé « J'y arriverai jamais » qui vient de parler.

Écoutez bien! Vous êtes ici pour démarrer une nouvelle vie. C'est-à-dire une vie libre, sans être sous le contrôle de vos films. La base est de savoir quand vous êtes dans vos films, c'est fondamental.

Tout d'abord, vous devez observer vos pensées. D'ailleurs, si vous êtes attentifs, vous allez vous rendre compte que la prochaine pensée tardera à venir. Mais ça, vous le verrez quand vous pratiquerez.

Si la pensée n'est pas vue ou vous submerge, elle se change en émotion, c'est-à-dire qu'elle envahit le corps. Ça, c'est visible, vous devez l'observer. Si, par exemple, vous êtes en colère, vous êtes dans votre film, tout comme si vous êtes angoissé. Toute pensée, toute émotion est bonne à prendre pour vous apercevoir que vous êtes dans vos films. Ce sont vos outils pour en sortir : sentiment d'injustice, peur, doute, incertitude, colère, jugement, auto-jugement, culpabilité, auto-dévaluation, haine, justification, jalousie, trac, honte, sentiments d'infériorité et de supériorité, cupidité, etc. Tout ceci peut être un titre du film que vous vous faites, qui n'a rien de réel et qui sabote votre vie.

Quand ces émotions sont verbalisées, alors l'outil devient audible, vous devez entendre ce que vous dites pour voir que vous êtes dans vos films et que vous n'en avez pas conscience.

Tout à l'heure, cette demoiselle a exprimé le doute, Madame y a rajouté l'auto-dévaluation, vous l'avez tous entendu ou j'ai rêvé ?

Oui nous l'avons entendu, mais cela nous a semblé banal.

Très bonne remarque. Cela vous a semblé banal parce que vous dormez. Vos films vous endorment. Depuis toujours. C'est l'heure du réveil. Les outils sont là pour vous réveiller et vous sortir du tout banal.

Nous avons vu que les outils peuvent être invisibles, sous forme de pensées, il faut donc les observer. Les outils peuvent être ressentis sous forme d'émotions, cela demande aussi à être observé. Les outils peuvent être entendus quand ils sont verbalisés comme nous l'avons entendu avec ces deux personnes. Enfin, les outils peuvent être vus. En effet, si par exemple, vous vous cognez à une chaise en allant du salon à la cuisine, c'est que vous n'étiez pas là, vous étiez dans votre film. En fait, votre corps était dans le salon, mais votre esprit, lui, s'était déjà rendu dans la cuisine. Peut-être même vous voyiez-vous déjà en train de couper les tomates ! Autant dire que vous avez fait le trajet salon-cuisine en aveugle. Autant dire que l'outil « Je me cogne » est immanquable. Il vous dit : « Eh ! Tu es dans ton film, reviens ! »

Eh bien pourtant, vous, ça ne vous disait rien. C'était banal et non parlant. Si vous vous entaillez le doigt en épluchant les légumes, c'est que vous n'étiez pas à ce que vous faisiez, vous étiez dans vos films à penser à autre chose au lieu d'être là. Ça, c'est un outil ! Et il est saignant.

Vous êtes en voiture et vous roulez trop vite. Vous êtes dans votre film. Vous roulez à la vitesse que vos pensées non vues vous imposent à votre insu. C'est un outil à partir du moment où vous le voyez. Et la résultante sera que vous ralentirez mais, surtout, vous serez sorti de votre film.

Juste le fait de voir, ça suffit?

Bien sûr. Faites-le régulièrement et vous verrez que voir la pensée, l'émotion, la parole ou l'action suffit. Ce n'est pas moi qui l'invente, c'est ce qui se passe quand quelqu'un met en application ce qui vient d'être dit. Moi, je ne fais que constater. Vous étiez dans le noir, vous allumez la lumière et vous voyez, il n'y a rien d'autre à faire avec la lumière, pourquoi voulez-vous aller tripoter l'ampoule?

Je l'ai fait il y a deux minutes. J'ai eu une pensée de jugement envers vous et ce que vous venez de dire. Je l'ai vue et elle est effectivement partie avant de s'emparer de moi comme d'habitude. C'est formidable sauf qu'elle est revenue sous une autre forme!

Bien entendu. Depuis combien de temps vous faites-vous manipuler par vos films ?

J'ai trente-cinq ans.

Trente-cinq ans d'esclavage. Et vous commencez à peine à vous entraîner à la liberté. Vous allez voir que ça vient très vite cependant. Ne croyez pas, parce que vous avez trente-cinq ans d'entraînement à l'esclavage, qu'il vous faudra des années pour reprendre les rênes de votre vie. C'est extrêmement rapide. Bien sûr, vous devrez maintenir cette attention jusqu'à la fin de vos jours si vous ne voulez pas que vos films reprennent possession de vous.

Imaginez Amélie Mauresmo, la championne de tennis, qui ne toucherait pas une raquette pendant six mois. Quand elle reviendra sur les courts face à ses adversaires, elle est battue d'avance !

Alors bien sûr, au début, vous allez voir une pensée de jugement, elle va donc disparaître puisque vous l'avez vue, mais elle va revenir sous la même forme ou une autre, vous allez la voir, elle va disparaître, puis revenir, etc.

Très vite cependant, vous allez vous apercevoir que ces pensées, ces émotions, ne reviennent pas aussi souvent qu'avant et avec de moins en moins de force qu'avant.

Votre attention va vous aménager des plages de calme de plus en plus longues et de plus en plus fréquentes.

En fait, au début, vous allez utiliser les outils qui, je le rappelle, sont cette liste de pensées, d'émotions, de paroles ou d'actions à voir, à entendre, bref, à observer, très souvent, pratiquement tout le temps. Puis, petit à petit, vous utiliserez les outils de moins en moins souvent. Les intrusions de vos films vont être beaucoup moins fréquentes. Mais plus sournoises. Mais, à ce niveau, votre attention sera aiguisée.

J'ai du mal à croire que le simple fait de voir ou entendre fasse disparaître les pensées.

(Claquement de doigts). Encore le doute. Encore un outil. Vous n'avez pas encore mis en pratique. C'est la différence entre vous et moi. Moi, je ne me suis pas posé de questions, j'ai mis en pratique et j'ai très vite repris ma place sur le trône royal, à la place des films qui s'y étaient installés.

Je vais vous donner un outil qui va vous être très personnel. Oui, à vous. Comme j'observe tout, j'ai vu que votre pied droit bat en cadence, signe de nervosité. C'est un outil, vous êtes dans vos pensées, donc dans vos films. Et il faut vous en apercevoir pour sortir de ce film et revenir parmi nous. Ça ne vous plaît pas ici ? (Rires).

Cette nervosité est explicable, vous êtes venu à ce séminaire avec une problématique personnelle et vous attendez la réponse en trépignant d'impatience. Je me trompe ?

Non, c'est ça.

J'ai utilisé mon esprit pour analyser la situation, ce qui est complètement inutile. Voir fait disparaître la pensée, pourquoi perdre son temps et son énergie à l'analyser ? Vous n'allez faire que ça et passer à côté de votre vie. Il est impossible de tout analyser, de tout comprendre. Il faudrait des milliards de vies. Abandonnez tout de suite ou vous allez être très malheureux. Analyser un nuage de fumée qu'est une pensée, c'est se masturber l'esprit, ça occupe, ça fait jouir l'intellect, mais nous ne sommes pas sur terre pour ça. Encore une fois, vous allez passer à côté de votre vie. Vous avez des valises pleines à craquer d'événements passés et de peurs à venir à analyser qui feraient la joie des psychologues. Moi, je vous dis : « Vous êtes venus ici pour poser ces valises, alors posez-les, ça ne vous appartient pas. »

Monsieur battait du pied en cadence, c'est ça l'outil. Ce signe de nervosité montrait qu'il était dans son film. Voyez comme c'est fort, un simple film réussissait à entraîner chez Monsieur une réaction physique : battre du pied en cadence. Nous ne luttons pas contre ça. Nous faisons encore plus fort : nous utilisons cela pour nous réveiller. Pour sortir de nos films. À l'instar de certains arts martiaux, nous utilisons la propre force de notre film contre lui. Il abdique.

Voyez donc que ces outils ne sont pas une méthode. Voir, entendre, observer ne demande pas de méthode. C'est aussi naturel que de respirer. Utilisez-vous une méthode pour respirer ? Tenez, vous, donnez-moi votre méthode pour respirer.

…

Vous n'en avez pas. Comme tout le monde. Vous respirez, c'est tout.

Les outils ne sont pas non plus une croyance. Voir, entendre, observer est naturel et vous n'avez pas besoin d'y croire. C'est aussi naturel, et donc dénué de croyances, que de respirer. Pensez-vous qu'il vous faut croire respirer pour respirer ?

Tout ça pour vous dire que les outils sont simples, naturels et qu'en fait ils constituent, à la base, un oubli d'attention de votre part. Vous allez juste réparer cet oubli.

Vous pouvez inventer de nouveaux outils en fonction de ce que vous vivez. La liste est loin d'être exhaustive, elle est ouverte.

Nous parlions du pied qui bat en cadence, signe que vous êtes dans votre film, mais, pour vous, ce peut être un mouvement nerveux des doigts de la main, se ronger les ongles, se manger nerveusement l'intérieur des lèvres, de la bouche, etc.

Il y a même pour chacun, un outil fétiche, quelque chose qui revient en permanence, par exemple un sentiment de nullité. Peu importe son origine, ce qui importe, c'est de le voir parce qu'il est là pour que vous redoubliez d'attention. L'analyser le renforcera, le voir à chaque fois qu'il se présente l'affaiblira jusqu'à sa disparition.

Maintenant, si vous préférez rester esclave de vos films parce que « ça doit être fatigant de s'observer », sachez que, les scientifiques l'ont prouvé, la pensée vous pompe 99 % de votre énergie, tandis que l'attention ne vous demande que 1 % de cette même énergie. Alors, qu'est-ce qui est le plus fatigant ? Penser toute la journée ou porter attention ? Mettez en pratique, vous verrez !

Et si je m'aperçois trop tard que j'étais dans mes pensées, que je me faisais un film ?

J'appelle ça le 1-2-3. Écoutez bien, il n'y a pas d'erreur.

Vous avez demandé une aide pécuniaire quelconque à l'État, pour vous, vos enfants ou un projet professionnel. Vous avez rendez-vous avec la personne qui va décider si l'on vous accorde cette aide financière ou non. À partir du moment où le rendez-vous est fixé, vos films vont vous assaillir. Ils l'ont fait bien avant, au moment de la décision de prendre rendez-vous, mais, si vous avez fait les démarches jusqu'alors, vous avez vaincu vos démons.

Donc, vous avez la date, l'heure, le lieu du rendez-vous et le nom de la personne que vous allez rencontrer. Vous allez aussitôt vouloir mettre un visage sur ce nom, une image sur le lieu et imaginer un scénario sur le déroulement de l'entretien. Plus grave, vous allez être assailli de doutes quant à l'issue du rendez-vous. Si vous êtes dans ce que je nomme le 1, alors, au moment même où la pensée de doute arrive, vous la voyez et elle s'évanouit. Pas le temps de créer un film. Elle revient plus tard sous cette même forme ou sous une autre, vous la voyez, elle disparaît de nouveau. À l'heure du rendez-vous, les pensées de doute ont tellement perdu de leur force, grâce à votre attention persévérante, que vous êtes plutôt serein. Que vous obteniez cette aide ou pas, vous avez fait ce qu'il fallait. Ne pensez surtout pas que votre avenir dépend d'un fonctionnaire, c'est la vie qui vous octroie ou non cette aide à travers lui. Il n'est que l'instrument de quelque chose d'incommensurable qui le dépasse totalement. Vous avez été conscient et vous avez aidé la vie à vous aider. Par votre attention constante.

Écoutez bien, nous passons maintenant à ce que je nomme le 2. Dans le 2, à peine la prise de rendez-vous effectuée, comme dans le 1, le doute arrive. Mais là, moins entraîné ou plus impliqué émotionnellement, vous ne voyez pas arriver ce doute et il prend possession de vous. Vous refaites les calculs, pensez que ça ne passera pas devant le fonctionnaire, peut-être même vous verbalisez vos peurs devant quelqu'un : « Ça m'étonnerait que l'on m'accorde cette aide ». Vous allez alors attirer vers vous tout ce qui va vous donner raison : vous tomberez « par hasard » sur une émission de télévision traitant des aides refusées, un témoignage à la radio sur le même sujet, une bonne copine qui va abonder dans votre – mauvais – sens, bref, tout ce qui va alimenter vos doutes. Soudain, vous vous souvenez des outils, vous claquez des doigts : si je doute, je suis dans mon film ! Vous riez de cette bonne blague que vous joue votre tête. Vos films catastrophe se sont superposés à une réalité neutre !

Dans le 2, vous n'avez pas vu arriver le doute, il s'est emparé de vous, mais vous êtes parvenu à vous dégager dans l'action grâce aux outils. Et même pendant l'entretien avec le fonctionnaire, vous vous « réveillez » plusieurs fois grâce aux outils tandis que vous vous étiez laissé aller à la peur. Vous aviez commencé à créer une finalité peu à votre avantage, mais, par votre attention, vous avez changé le cours des choses. Vous avez aidé la vie à vous aider. Vous avez été conscient.

Dans ce que je nomme le 3, vous n'avez rien vu! Du début à la fin. De la prise de rendez-vous à la fin de l'entretien, vous n'avez pas touché terre! Constamment dans le doute et la peur, vous avez passé tous ces jours dans vos films et le mal-être. Par vos créations – rappelons que les pensées créent – vous n'avez pas aidé la vie à vous aider. Sorti du rendez-vous, vous montez dans votre voiture et là, claquement de doigts, vous vous souvenez des outils: « J'étais dans le doute et les spéculations, donc dans mes films »! Bravo, vous avez été conscient. Il vaut mieux l'être après que pas du tout. Cela va grandement vous aider pour les prochaines fois.

Vous allez naviguer dans le 1-2-3. Pour vous apercevoir que, de plus en plus souvent, grâce à votre attention, c'est le 1 qui va dominer. Votre vie va donc grandement s'alléger, se simplifier et vous ne vous ferez plus souffrir comme avant.

Un jour, rien ne viendra. Il n'y a même plus de 1, c'est le zéro. Vous qui, par exemple, aviez toujours peur pour votre enfant quand il n'était pas avec vous, vous vous rendez compte, à force d'avoir vu, donc démasqué, sans cesse ces pensées de peur injustifiée, 100, 200, 500 fois… qu'elles ne viennent plus ! Vous voudrez avoir peur, comme avant, mais rien ne viendra. Vous vous inquiéterez : « Suis-je devenu insensible ou j'm'en foutiste » ? Non. Conscient, tout simplement. Conscient au moins de cette peur injustifiée. Votre conscience va s'élargir à d'autres domaines où vos films, à leur guise, vous faisaient danser comme un pantin. Dans ce cas, outre le fait de ne rien créer de désagréable pour vos enfants, vous avez l'esprit clair et dégagé ainsi qu'une vie beaucoup plus sereine. Naturelle.

C'est la base pour construire sa vie. Si ça, tout simplement, n'est pas fait, alors vous ne bâtissez pas votre vie sur du roc, mais sur du sable. Si vous n'avez pas cette attention minimum, c'est-à-dire savoir si vous êtes dans vos films ou non, alors vous ne vivrez que dans vos films.

J'appelle cela la déviance originelle car, si c'est sur du sable que vous construisez votre vie, vous allez passer celle-ci à la colmater et faire du replâtrage.

Bien sûr, pour compenser ces efforts et ce temps perdu à bricoler votre vie, vous allez vouloir « profiter de la vie » et partir dans des plaisirs compensatoires sans fin en justifiant chacun d'eux...

Vous vous trouverez des croyances quelconques, religieuses ou non, pour donner un sens à votre vie. Vous perdrez votre temps à analyser votre vie ou remplacerez vos pensées par d'autres, « positives », celles-là. En somme, vous serez toujours dans un film, d'une façon ou d'une autre, mais, cette fois-ci, avec la croyance de ne pas y être. Viendront les méthodes, les techniques et autres pratiques de vie inventées par l'Homme, donc par un esprit torturé, et vous n'y verrez que du feu.

Dans le cas de l'exemple précédent où vous demandiez une aide pécuniaire, vous allez passer les quelques jours qui vous amènent au rendez-vous ballotté par vos films. Vous resterez dans vos pensées car vous n'utiliserez pas les moyens naturels – les outils – pour repérer si vous vivez dans votre tête ou non et en sortir. Votre esprit pré-occupé – occupé avant l'heure – va dévorer toute votre énergie. La vie va prendre une teinte peu réjouissante, celle que vous lui donnez, et il vous faudra compenser : restaurants, apéritifs, s'adonner corps et âme à sa passion (sport, bricolage, collections, sexe ou autre...). Certains voudront contrer l'esprit avec des pensées positives ou de l'auto-persuasion basées sur des croyances : « Tous les jours et à tout point de vue, je vais de mieux en mieux », « J'ai foi en Jésus-Christ, notre sauveur », « Dieu veille sur moi », etc. C'est encore un scénario mettant en scène un sauveur revêtu d'une robe de sage ou d'un masque blond aux yeux bleus, voulant nous délivrer du chaos qu'il a lui-même provoqué. Échec et mat. L'illusion est parfaite et endort des milliards de personnes.

Liste des outils de détection des films auto-créés

Voici la liste des outils :

- **Je ressasse le passé**
- **J'agis par habitude**
- **Je me projette constamment dans l'avenir**
- **J'ai peur, je suis anxieux**
- **Je doute**
- **Je culpabilise**
- **Je suis envieux**
- **Je suis jaloux**
- **Je me justifie**
- **Je suis en apnée**
- **Je me ronge les ongles ou l'intérieur des lèvres**
- **J'ai des tics nerveux**
- **Je remue nerveusement la jambe ou le pied**
- **Je me laisse dominer par l'émotion**
- **Je veux convaincre**
- **J'impose mon avis**
- **Je me fais un film dont je suis le héros (heureux ou pas)**
- **Je suis malade**
- **J'accumule les déboires**

- Je compense (nourriture, achats compulsifs…)
- J'ai besoin d'une passion pour supporter la vie
- Je ne recherche que le confort et la sécurité
- Je me blesse physiquement
- J'analyse et intellectualise tout
- Je cherche absolument à tout comprendre
- Je cherche la reconnaissance
- Je veux être autrement que ce que je suis
- Je suis ailleurs (dans ma tête) que là où je suis
- Je suis avec quelqu'un d'autre (dans ma tête) qu'avec la personne avec qui je suis
- Je fais une chose en pensant à une autre
- Je fais du mimétisme en voulant correspondre à une image
- Je fantasme continuellement
- Je vis dans l'urgence
- Je me sens victime
- Je « casse » constamment les autres
- Je me plains constamment
- J'intériorise tout
- J'oublie mon corps et mes cinq sens
- Je suis obnubilé par la plastique corporelle

- Je suis obnubilé par l'acquisition matérielle
- Je suis fatigué par manque d'énergie
- Je dors mal et rêve beaucoup
- Je cherche le conflit
- Je vis dans la frustration
- Je m'ennuie
- Je me sens seul
- Je suis triste
- Je m'attache à une identité (raciale, natale, professionnelle…)
- Je fume, je bois trop, je me drogue
- Je roule trop vite
- Je suis à la recherche de sensations fortes
- Je compare constamment
- Je suis influençable
- J'ai des croyances
- Je ne recherche que le plaisir et la satisfaction de mes désirs
- J'ai des attentes
- Je juge (moi y compris)
- Je ne m'aime pas
- Je me mens
- Je surprotège autrui (mes enfants…)
- Etc.

Cette liste est loin d'être complète, elle reste ouverte et n'hésitez pas à la compléter à mesure que vous inventez de nouveaux stratagèmes pour vous sortir de la réalité.

Voyez-les, notez-les. Les prochaines fois qu'ils apparaissent, vous pourrez retourner leur force contre eux. Simplement en les ayant démasqués.

Les pensées vous puisent votre énergie quand vous ne les voyez pas, quand vous ne vous observez pas. Gorgées d'énergie (la vôtre), elles prennent possession de vous sous forme d'émotions et guident votre vie à votre place.

Quand vous voyez ces pensées, la machine s'inverse. Vous conservez votre énergie et les forces de la pensée diminuent puisque vous ne l'alimentez plus.

La pensée tente de revenir sous la même forme ou sous une autre, vous la voyez, elle disparaît et n'a bientôt plus l'énergie pour revenir.

C'est une plage de paix avant la prochaine tentative d'intrusion. Votre attention quotidienne va espacer de plus en plus ces intrusions. Votre persévérance et votre régularité vont faire des miracles dans votre vie en très peu de temps. Cela ne tient qu'à vous.

Voir suffit. Par pitié, ne transformez pas ces outils, simples mais merveilleux d'efficacité, en commandements. Transformer « je doute » en « tu ne douteras point » est la pire erreur que vous puissiez commettre. C'est votre esprit affublé de son déguisement judéo-chrétien qui revient à la charge. Laissez les lois et les commandements aux inconscients qui en ont grand besoin.

Deuxième Module

La vigilance, cette clef incontournable

J'utilise un des outils pour m'apercevoir que je suis dans mon film, ce qui, automatiquement, me ramène à la réalité. Et là, qu'est-ce que je fais ? J'attends de me faire happer à nouveau ?

C'est là qu'intervient la vigilance. Avant, vous occupiez votre esprit avec des milliers de pensées allant dans tous les sens, maintenant, vous allez occuper votre esprit à la vigilance. C'est quelque chose de naturel, comme la respiration, mais nous l'avons oublié. Nous allons réparer cet oubli. Sans efforts. Forcez-vous pour respirer ? Qu'est-ce donc que cette vigilance que l'on a zappée au profit de milliers de pensées qui, en majorité, ne servent à rien ?

…

Je m'aperçois, là encore, que, malgré vos livres spirituels et vos magazines de psychologie, vous ne savez pas.

C'est dommage, car la vigilance est une clef incontournable. C'est pour cela que votre esprit part dans tous les sens. Vous n'êtes pas centrés. Si je vous dis : « Centrez-vous ! Là, tout de suite. » Comment faites-vous ? Allez-y.

J'en vois qui se redressent sur leur chaise, d'autres qui ferment les yeux, d'autres encore qui se rigidifient ou qui prennent une position de méditation. Ça ne doit pas être pratique en pleine rue !

Regardez-moi, en l'espace de trente secondes, je vais me centrer et me décentrer plusieurs fois. Avez-vous vu une différence dans mon comportement ? J'avais les yeux ouverts, je marchais, je buvais un verre d'eau, bref, je continuais à vivre. Vous ne pouviez pas dire à quel moment j'étais centré ou décentré, c'est-à-dire si mon esprit vagabondait ou si j'étais réellement là avec vous. Ça c'est pratique, non ? Vous allez apprendre à vous centrer sans arrêter ce que vous faites dans la vie de tous les jours, sans vous isoler pour méditer ou prendre des postures issues d'une méthode quelconque. Ça n'est pas génial, ça ?

Alors, comment fait-on ?

Oui, comment fait-on ?

...

Vous voyez, vous n'avez rien de pratique dans la vie de tous les jours. Vos belles lectures flattent l'intellect, mais ne vous prédisposent pas au terrain. Et si vous employez des méthodes, elles deviennent vite contraignantes dans la vie de tous les jours et donc vous oubliez à un moment ou à un autre de les pratiquer.

Vous n'arrêtez pas de répéter que l'on ne sait pas, c'est humiliant.

(Claquement de doigts). Là, vous êtes dans votre film ! « Je me sens humilié », c'est un outil ! Je n'ai fait qu'un constat : vous ne savez pas. C'est juste un constat. C'est vous qui reprenez ça et le faites monter en mayonnaise, il faut le voir ou bien vous allez vous engluer. Un constat est neutre, c'est votre mental qui y met une connotation.

Si j'insiste sur le fait que vous ne savez pas mettre en pratique dans la vie de tous les jours, c'est que, sorti de ce séminaire, si vous mettez en pratique ce qui y a été dit, votre vie va changer.

Mais certains, la bouche pleine, vont avoir ce vieux réflexe sécurisant pour l'intellect de retourner vers la lecture en croyant mettre en pratique ce qu'ils lisent. Je ne dis pas de ne plus lire. Mais vous passerez d'une lecture avide à une lecture consciente.

Alors ! Comment se centre-t-on ?

Je vous le dis : en étant vigilant. Et comment est-on vigilant ? En utilisant ses cinq sens. Tout simplement. Voir, entendre, sentir, goûter, toucher. Tout simplement. Trop simplement, d'ailleurs. Si simplement que personne ne le fait. Trop simple donc trop commun donc pas intéressant. Comme si la vie, à l'origine, était compliquée…

Imaginons, Madame, que vous soyez chez vous avec votre mari. Vous faites la cuisine et, la poubelle étant pleine, vous demandez à votre conjoint de la sortir. Le mari s'exécute, mais, en s'éloignant, lâche : « Tu pourrais sortir les poubelles aussi de temps en temps ». Et il disparaît, vous laissant avec ça.

Réaction immédiate : colère intériorisée ou non, sentiment d'injustice, etc. Dix minutes après, vous êtes à table, mais, dans votre tête, vous êtes encore sur « le lieu de l'incident », dans la cuisine.

Voyez que vous n'êtes pas là, pas centrée. Votre corps physique est là, mais pas votre esprit. Vous ne voyez pas réellement ce qui se passe à table, n'entendez pas vraiment ce qui se dit, ne sentez pas réellement l'odeur et le goût des aliments et ne sentez pas la texture du pain dans votre main. Voyez comme votre film a court-circuité vos sens.

Soudain (claquement de doigts), vous utilisez un outil, « Je ressasse le passé » ou « Je ressens de l'injustice » ou « J'oublie mes cinq sens », peu importe, vous revenez à la réalité. Comme si vous reveniez d'un rêve. C'est le moment de se centrer... Donc d'être vigilant... Donc de revenir à ses cinq sens. Vous allez de nouveau voir, entendre, sentir, goûter et toucher réellement. Vous étiez morte, vous êtes revenue à la vie. Et votre esprit, comme vous pourrez le constater, vous laisse tranquille.

Voyez que nous avions tout à la naissance. Nus, avec nos cinq sens, nous étions prêts à mener une vie pleine.

Alors, que s'est-il passé ?

À un moment donné, nous avons zappé nos sens pour nous perdre dans l'intellect. Nous perdre dans des pensées pour fuir la réalité que nous avons nous-mêmes travestie en amont.

Au lieu de, logiquement et tout simplement, revenir à nos sens, à la vigilance endormie par nos pensées non vues, nos films nous ont proposé des « solutions » et des distractions. Nous sommes devenus « accros à l'imaginaire », attachés à l'intellect, aux méthodes et aux croyances. Ce qui, bien sûr, a contribué à accélérer l'occultation de nos sens.

Pourquoi, d'après vous, Monsieur, portez-vous des lunettes ?

Parce que vous n'avez pas réellement utilisé vos yeux, tout simplement. Les scientifiques l'ont démontré : la fonction crée l'organe. Regardez, par exemple, un coureur cycliste : à force de pédaler, il a développé des cuisses, des mollets et un cœur de champion.

Que se passe-t-il, d'après vous, si, au lieu de réellement regarder ce qui se passe autour de vous, vous préférez vous évader dans vos pensées ? Votre vue baisse.

Mais ne vous en faites pas, vous pouvez avoir une deuxième paire de lunettes pour seulement un euro de plus !

La société vous a imposé une croyance sous forme d'affirmation : votre vue baisse à partir d'un certain âge, de plus en plus jeune, d'ailleurs. Personne n'a réfléchi au fait qu'il suffit d'une seule personne qui possède une bonne vue à quatre-vingts ans pour que cette affirmation soit fausse. Et c'est le cas, j'en connais.

Cela veut dire que si je deviens vigilant, je peux me débarrasser de mes lunettes ?

Vous voyez comme vous avez besoin d'un but personnel pour faire les choses ? Vous avez préféré vous complaire dans la pensée, plutôt que de regarder ce qui vous entoure, et maintenant votre but est de vous débarrasser au plus vite des problèmes engendrés par votre négligence. N'en faites pas un but. Soyez vigilant, point. Vous verrez ce qui se passe.

Bien sûr, votre vue va changer. Ou peut-être pas. Des personnes portant des lunettes, ayant assisté au séminaire et ayant mis en pratique par la suite, ont dû changer les verres de leur monture, devenus trop forts. Oui, ça existe, mais n'en faites pas un but, sinon, vous retombez dans votre film.

Je vais vous raconter une anecdote personnelle. J'étais myope, astigmate et, donc, je portais des lunettes en permanence. Celles-ci me gênaient dans la pratique du sport et je décidai de m'en débarrasser. C'est assez simple, il existe des méthodes pour cela. J'en appliquai une à base d'autosuggestion, de méditation, de yoga des yeux et de visualisation. Cela me prendrait vingt minutes par jour pendant quarante jours. Au bout de ce laps de temps, je jetai mes lunettes à la poubelle pour ne plus les remettre.

Sauf que… la vie était en train de me dire: « Regarde, sois vigilant ». Et moi, j'ai tenté de la blouser avec une méthode. C'est alors qu'est arrivé le cancer. Et là, il m'a fallu réellement regarder. Soyez vigilants, le reste n'est que résultante.

Ne vous est-il jamais arrivé de voir réellement quelque chose que vous aviez pourtant toujours sous les yeux et que vous ne voyiez pas d'habitude ? C'est comme un réveil, une découverte.

Qu'est-ce qui fait qu'à cet instant, vous voyez réellement ? Qu'est-ce qui fait qu'à cet instant, vous entendez réellement ce qui est dit ? C'est la vigilance. C'est l'utilisation des sens. Mais pour cela, il aura fallu sortir de vos films, sortir des pensées compulsives via les outils que vous avez maintenant à votre disposition. Il faut sortir de votre tête pour être vigilant car, je vous l'ai dit, les pensées obstruent les sens.

Donc, chronologiquement, si vous avez l'habitude de vous laisser envahir par vos pensées et vos émotions, il va falloir le voir grâce aux outils que vous connaissez maintenant. Quand vous êtes sorti de vos films, vous utilisez votre esprit comme l'outil formidable qu'il est, pour être vigilant. Comment ? En utilisant vos sens. En regardant ce qui se passe autour de vous, en écoutant…

Voyez que la vigilance est quelque chose de naturel, à mettre au même rang que nos besoins fondamentaux qui sont : respirer, boire, manger, dormir. Laisser l'esprit sans surveillance a fait que nous avons zappé la vigilance.

Moguaï, Indien d'Amazonie, ne peut pas se permettre ce que nous nous permettons : laisser les sens s'endormir. S'il devenait aussi malade mentalement que nous, c'est-à-dire s'il laissait ses pensées aller en tout sens, il serait mort.

Nous, nous avons trouvé que ce n'était pas bien grave, nous ne risquons pas grand-chose en étant constamment dans nos pensées. Nous nous réveillons un peu pour traverser la rue, conduire, pour les divertissements et le tour est joué. Nous n'avons pas vu que, alors que nous ne risquons pas, comme Moguaï, l'attaque du félin, notre vie a perdu tout sens et toute saveur. Cette attaque-là, nous ne l'avons pas vu venir, elle est d'un autre genre, beaucoup plus insidieuse. Elle attaque dès le matin, continue son travail de sape jusqu'au soir et, pour beaucoup, salit même nos nuits. Énergie, enthousiasme et joie de vivre naturelles n'existent plus, dès lors.

La pensée compulsive continue de dévaster nos vies en s'attaquant à tous les besoins fondamentaux. La vigilance est allée au tapis sous le matraquage continu de nos films, nos nuits sont agitées, notre respiration n'est pas ample et naturelle, nous buvons n'importe quoi, souvent du sucre et de l'alcool, nous mangeons n'importe quoi ou, au contraire, n'avons plus l'appétit. Nos scénarios ont gagné.

Comment en sommes-nous arrivés là ?

Qu'avez-vous eu comme modèle sous les yeux ? Vos parents vous ont-ils montré autre chose que des personnes manipulées par leurs pensées et leurs émotions ? Vous ont-ils appris que le mental est un formidable outil, mais qu'il est là pour nous servir comme le ferait un serviteur ? Vos professeurs et vos éducateurs vous ont-ils appris cette chose toute simple mais fondamentale ? Quel exemple la société vous a donné et continue de vous donner ? Nos dirigeants sont-ils maîtres d'eux-mêmes ? Savent-ils quand ils sont manipulés par leurs films et quand ils ne le sont pas ? À partir de quel espace prennent-ils les décisions qui vont régir nos vies ? Ont-ils le mode d'emploi ? Pourquoi ne l'apprendrait-on pas à l'école pour poser les bases d'une vie stable, tout le reste étant important mais secondaire ?

Alors, pourquoi en êtes-vous arrivés là ? Mais vous n'avez eu d'autre exemple sous les yeux que des personnes manipulées par leurs pensées et leurs émotions. Avec, pour résultante, le monde dans lequel nous vivons.

Ce n'est pas une excuse, c'est juste une indication. Plus vous menez une vie consciente, plus vous ferez l'inverse de ce que fait la masse. Vous bannirez vos peurs.

Résumons. Vous êtes au travail. Comme ce dernier ne vous plaît pas, vous vous évadez en pensées. Dehors, il fait froid, vous êtes au chaud dans votre bureau et vous vous projetez mentalement sur une île paradisiaque. Vous êtes à la plage, vous sentez la chaleur du soleil sur votre corps et entendez le bruissement des feuilles de palmier sous l'alizé. Soudain (claquement de doigts), vous vous souvenez des outils, « Je me projette dans un film », je ne suis donc plus là. Rien n'empêche de rêver comme vous venez de le faire, mais faites-le chez vous, tranquillement installé dans votre canapé et ne faites rien d'autre que ça.

Vous revenez donc à la réalité. Étape d'après : vigilance. Vos sens sont en éveil. Les discussions de vos collègues font comme un brouhaha qui vous ennuie. Cette ambiance vous ennuie. Et soudain, ça fait tilt ! Vous prenez conscience que l'ennui est le signe du départ, du changement. Il vous faut quitter ce travail où vous vous ennuyez. Ce n'est pas une décision prise sur un coup de tête basé sur vos films, au contraire, vous n'étiez pas dans votre film. Vous étiez vigilant, élément fertilisant indispensable à la prise de conscience. Vous quitterez donc ce job intelligemment. Les jours qui suivent, vous mettez en place des actions pour partir… Et vous partez !

Reprenons. Que s'est-il passé ?

Vous étiez dans vos pensées et, grâce aux outils, vous revenez. Bon déjà, si vous utilisez les outils, c'est que vous avez compris qu'une vie dans des films est une vie sans saveur. Vous avez compris que vous vous étiez laissé aller jusque-là et que, maintenant, vous vous entraînez à devenir maître de vous-même. Vous avez aussi compris que c'est votre présent qui conditionne votre futur, donc, si vous commencez aujourd'hui à vous réveiller et le faites tous les jours, votre futur sera différent. Le « Je commence demain » ne fonctionne jamais.

Donc, l'outil (claquement de doigts) vous a permis de revenir dans la réalité. Aussitôt, vous êtes vigilant grâce à vos sens. Cela vous ancre dans la réalité.

Alors, attention ! La vigilance se fait dans la décontraction la plus totale. Très simplement. Vigilance et tension ne s'accordent pas.

Sinon, je sais très bien ce que vous allez faire : vous voudrez tout voir, tout entendre. Vous allez vous mettre la pression. Si vous êtes en ville, alors là, c'est simple, vous allez tomber fou. Si vous vous crispez pour tout voir, tout entendre, pour que rien ne vous échappe, vous allez tenir cinq minutes avant d'abandonner. Un peu plus longtemps pour les plus malades.

En tout cas, vous allez me maudire en disant que la vigilance, c'est trop dur, et vous allez chercher une solution ailleurs alors que vous l'avez sous les yeux. Alors, restez cool ou bien vous allez vous retrouver déguisé en chaman sous une tente de sudation en Ardèche ! (Rires).

Bon, vous avez démasqué votre mascarade, vous êtes vigilant, et là, prise de conscience, je m'ennuie au travail, je vais agir.

Voilà comment mener une vie consciente

Qu'est-ce que la conscience ?

...

Je sais, vous aller me réciter la définition d'un livre spirituel et compliqué d'un gourou quelconque ou d'un psychanalyste. L'un est un illuminé qui vous maintient dans une promesse d'extase et l'autre est un intellectuel qui, par définition, ne jouit que quand il n'est pas compris. Dans les deux cas, rien ne sera simple à mettre en pratique.

Alors que moi, je veux une définition pratique que je puisse mettre en œuvre dans la vie de tous les jours. Alors, qu'est-ce que la conscience d'un point de vue pratique ?

...

La conscience, c'est la mise en lumière. Tout simplement. Ça s'éclaire. Vous étiez vigilant, votre mental ne vous cachait plus la réalité, donc, la lumière a pu pénétrer. C'est la conscience. C'est l'évidence. Vous avez mis en lumière, vous avez pris conscience. C'est une résultante de la vigilance.

Vous le saviez depuis longtemps que vous vous ennuyiez au travail. Pourquoi n'êtes-vous pas parti avant ? Parce que vous n'en aviez pas conscience. Vous le saviez, c'est tout. Cela restait donc au niveau de l'intellect. Ça n'entraîne donc aucune action. Je sais par l'intellect donc je reste immobile. Je pourrais opérer quelques changements de surface pour me donner « bonne conscience » mais je n'opère pas de réelle révolution. Je blouse la vie. Enfin, je crois. Le monde est plein de gens qui savent…

Tandis que dans le cas où vous êtes sorti de vos films, où vous êtes vigilant, la prise de conscience a pu se faire. Vous aviez les conditions optimales pour mettre en lumière quelque chose que votre film cachait à votre conscience.

Un peu comme si vous étiez dans une pièce noire et, à l'aide d'une lampe torche, vous découvriez ce qui vous entoure dans le faisceau lumineux. Vous prenez conscience. Et vous savez quoi ? La prise de conscience entraîne l'action. L'action juste. La prise de conscience dépasse l'intellect et vous ne pouvez rester immobile devant une mise en lumière. Cela entraîne automatiquement une action appropriée. C'est la différence visible entre « Je sais » et « J'ai pris conscience ».

« Fumer tue », le fumeur le sait. Celui qui en prend conscience, arrête définitivement. Bon, pour le fumeur, il faut qu'il prenne conscience de quelque chose en amont et la cigarette deviendra subitement incongrue dans sa main. Il arrêtera par résultante de sa prise de conscience. Ça a d'ailleurs trait à l'ennui, mais ce n'est pas le sujet.

La prise de conscience permet un fonctionnement différent de ce qui se fait dans la société. Prenons l'exemple du fumeur. Le fumeur sait que la cigarette tue car des personnes en meurent autour de lui. Mais lui n'est pas touché. À partir du moment où ça le concernera directement (par un cancer du poumon, une insuffisance respiratoire ou autre), il commencera à se réveiller. Mais il est bien trop tard.

La conscience ouvre à une vie intelligente, différente du fonctionnement habituel de l'être humain. Nous pourrions pratiquement parler de préventif par rapport au fonctionnement curatif de l'être humain.

Dans le cas de celui qui s'ennuie au travail mais qui ne peut pas le voir, le licenciement ou l'accident du travail le privant de son job est une bénédiction. Mais c'est extrême. C'est la résultante d'un manque de conscience total. La vie n'utilise le dernier recours que pour l'âne bâté.

Le fait de repérer si nous sommes dans nos films, la vigilance et la conscience font que nous ne sommes pas à contretemps avec la vie. Nous sommes à la bonne heure. Serait-ce ça le bonheur? Nul besoin d'expériences dures ou traumatisantes. Nul besoin de souffrance, la lumière suffira.

Dans mon cas, j'ai beaucoup souffert. Je n'en serais pas là aujourd'hui si je n'avais pas vécu ces souffrances.

Vous êtes un bourricot. Comme je l'ai été quand j'ai vécu des expériences traumatisantes. Ce sont les derniers de la classe qui prennent les coups de règle sur les doigts, les fainéants de la vie.

Ce n'est pas une obligation. Si la vie est une salle de classe, la vigilance permet de passer une scolarité (une vie) sans soucis. Celui qui n'est pas vigilant va souffrir. Il ne voit rien, n'entend rien de l'enseignement et va expérimenter de façon laborieuse et souffrante. Il ne recherche que la distraction et néglige l'enseignement alors qu'il est ici pour, justement, recevoir un enseignement. Cela le met en porte-à-faux vis-à-vis de la vie et, passant son temps à fuir, il n'a jamais réellement l'esprit tranquille. Un jour, la vie le rattrape…

Oui, mais c'est mon expérience…

La souffrance n'est l'expérience de personne. Elle est traumatisante et vous fait comprendre les choses à la vitesse d'un escargot par rapport à la conscience, c'est-à-dire quand vous mettez en lumière régulièrement. La conscience, c'est la mise en lumière régulière et sans traumatisme.

La souffrance arrive quand nous avons négligé la vie trop longtemps, c'est une résultante de notre laxisme quasi-permanent. La vigilance et la conscience permettent une vie sans traumatisme et une compréhension rapide des choses.

Un jour, je pars randonner en montagne avec trois personnes. Nous partons du refuge pour atteindre le sommet à deux mille cinq cents mètres. Nous sommes équipés à peu près de façon similaire, des chaussures de montagne, des vestes gore-tex et un sac d'une quinzaine de kilos car nous partons pour plusieurs jours.

Nous suivons, en file indienne, le même chemin, étroit mais visible, dans la pente. Soudain, devant moi, un de mes amis pose le pied hors sentier et bascule dans la pente raide. Très raide. Il tombe et roule, ridicule comme une tortue sur le dos, puis finit par s'arrêter quelques mètres plus bas. Ayant rencontré quelques rochers dans sa descente aux enfers, il est couvert d'ecchymoses. Il fatigue à remonter et, devant sa mine déconfite, nous rions aux éclats. C'est sa fierté qui a été la plus touchée.

Il est enfin de retour sur son chemin et je lui demande ce qui lui est arrivé. Il m'explique alors que son esprit s'est évadé, qu'il pensait à autre chose tandis qu'il marchait. Et il est tombé.

À cet instant, nous avions le même chemin. Nous étions vigilants à ce que nous faisions et ce qui nous entourait. Sauf un. Il était ailleurs dans sa tête et s'est donc retrouvé ailleurs que sur son chemin. Dans le ravin. Impraticable. Ce n'était pas son chemin. Ce n'était pas son expérience initiale. Elle a été faussée par les films qu'il se faisait. Son expérience n'était pas le ravin. Ce n'est d'ailleurs l'expérience de personne !

Si vous dites arpenter votre chemin et qu'il passe par le fait de vous couvrir d'hématomes en tombant en roulé-boulé dans une pente raide, posez-vous des questions ! Vous avez dû rater un embranchement !

Le fait de ne pas souffrir peut être le témoin d'une vie consciente ?

Vous savez, nous nous sommes tellement habitués à l'inconscience et son mal-être perpétuel que les gens ne se rendent même plus compte que ça ne va pas. Nous sommes les rois des apparences.

Évidemment, plus vous allez devenir conscient, plus votre vie va s'alléger, se simplifier et votre esprit se clarifier. Une tête qui nous laisse tranquille change déjà toute la donne. Vous aurez accès à l'Intelligence de vie, c'est-à-dire l'envers du décor, sans analyse. Un peu comme les bonus de films sur les dvd. Vous avez accès au *making of.* Mais tout ça, à la limite, vous le découvrirez par vous-même, il est inutile d'en parler. Mettez en pratique et vous verrez.

Bien entendu, vous aurez des « témoins » qui vous informeront sur votre état de conscience ou celui des personnes qui vous entourent. Vous verrez bien si les choses sont faites « consciencieusement » ou pas. Rien qu'à la façon dont vous fermez une porte, je sais si vous êtes là ou dans vos pensées. Tout à l'heure, au déjeuner, j'ai mis la table et Mademoiselle au fond m'a aidé en rajoutant les petites cuillers. Comme j'étais entièrement à ce que je faisais malgré le remue-ménage autour de moi, les assiettes étaient bien alignées, les couverts étaient soigneusement posés, etc. Seules faisaient tâche les petites cuillers posées négligemment et de travers, un coup à l'endroit, un coup à l'envers. En vous observant, j'ai vu que vous n'étiez pas à ce que vous faisiez. Vous posiez les cuillers en pensant déjà à ce que vous alliez faire après. Mais vous auriez pu penser aussi à ce qui s'était passé il y a dix minutes, le résultat aurait été le même : ces satanées cuillers vous auraient trahi ! (Rires).

Je l'ai vu, et c'est une mise en lumière, car j'étais vigilant. Et je vous en fais part ou pas.

Je suis d'accord avec vous et, en même temps, je garde mes idées. J'ai trouvé l'équilibre. D'ailleurs, je suis venu à votre séminaire pour que l'on confronte nos idées. Je n'en ai pas réellement besoin car tout va bien dans ma vie.

Voilà ! La conscience sert, entre autres, à ça ! À voir l'envers du décor. Par exemple, nous avons ici un gros mensonge que, parmi la trentaine de personnes présentes ici, aucune n'a vu puisque vous n'êtes pas encore entraînés à la conscience. Et comme vous êtes habile dans l'art du camouflage, vous me servez un argument bien ficelé, a priori imparable, sauf que… je suis vigilant, c'est-à-dire que j'ai réellement écouté ce que Madame a dit, j'ai même observé son attitude tandis qu'elle me parlait, et j'ai mis en lumière la contradiction que personne n'a vu.

Madame, vous n'avez pas besoin de ce séminaire car tout va bien dans votre vie… Mais vous êtes là. Vous avez vu de la lumière, vous êtes entrée. Non, vous expliquez que c'est pour confronter nos idées.

Si tout allait bien dans votre vie, Madame, vous ne seriez pas là. Ou bien, je le répète, à ma place. Vous ne me verrez jamais, par exemple, assister à des conférences ou des séminaires. Non que je n'aie plus rien à apprendre, mais c'est la vie qui m'enseigne par présentation d'expériences. Mais surtout, par rapport à vous, je ne cherche rien. Je ne suis plus dans la recherche. Vous oui. Et il n'y en a qu'un qui cherche. C'est un esprit avide de films.

Vous dites avoir trouvé l'équilibre, et pourtant, vous êtes là. Vous me rappelez un ami. Il venait d'acheter une voiture, une très belle Audi. Toute neuve, toutes options. Il m'avait emmené faire un tour et j'y étais allé pour lui faire plaisir. C'est vrai qu'elle était superbe, confortable et très agréable. Il me dit avoir enfin trouvé la voiture de ses rêves, celle qui le comble totalement. Son enthousiasme et sa sincérité paraissaient vrais, sauf que… deux jours plus tard, je vois sa voiture garée devant le concessionnaire Porsche. Je m'arrête et vais le rejoindre où sont exposés les bolides. Je le trouve en train d'admirer un modèle particulier.

— Qu'est-ce que tu fais là ?

Sursaut. Gêne très vite dissimulée.

— Je croyais que tu avais enfin trouvé la voiture idéale pour toi.

— Ah oui ! Non, mais là, je jette juste un coup d'œil !

Vous voyez, il mentait. Mentir aux autres n'est pas bien grave. Le plus malheureux, c'est qu'il se mentait à lui-même. Et ça, c'est beaucoup plus grave.

Il n'en avait pas pris conscience car il était émotionnellement impliqué, mais, vu de l'extérieur, la mise en lumière était assez simple.

Pour revenir à vous, Madame, le plus dur est de, maintenant, l'accepter. Et ça, c'est dur pour l'esprit qui a inventé la fierté…

Quelques définitions pratiques

Je m'aperçois que ce que vous proposez est très pratique.

La vie est simple et pratique. Ce qui n'est pas simple et pratique pue parce que ce n'est pas vivant. Éloignez-vous de ça.

Nous avons d'ailleurs quelques définitions pratiques sous la main. Une définition non pratique est excellente pour la masturbation intellectuelle, mais elle ne sert à rien d'autre.

Alors, qu'est-ce que « se centrer » ?

Se centrer c'est être vigilant.

Oui. Et qu'est-ce que la vigilance ?

La vigilance, c'est l'utilisation des cinq sens.

Oui. Alors, quels sont les outils de la vigilance ?

Les cinq sens !

Oui. Qu'est-ce que la conscience d'un point de vue pratique ?

Mettre en lumière. Elle est une résultante de la vigilance.

Oui. Qu'est-ce que le bonheur ? Pour moi, c'est l'absence de peur.

Qu'est-ce que l'amour ? Ah ! Là, c'est toujours un grand moment ! Personne ne m'a jamais donné une réponse pratique. Ou, si elle l'est, elle ne l'est que partiellement. Il y a même une personne qui m'a répondu : « L'amour, c'est un bisou ! » (Rires). C'est mignon, c'est sûr.

En fait, savez-vous pourquoi l'amour a fait couler autant d'encre que de sang ? Parce que tout le monde a confondu amour et romantisme.

Le romantisme, c'est l'amour repris par l'esprit humain torturé. Avec une palette allant de la mièvrerie à la tuerie.

Alors que l'amour, d'un point de vue pratique, et donc utilisable dans la vie de tous les jours, c'est la vigilance maximale.

La vigilance, c'est l'utilisation des cinq sens. L'amour, c'est la vigilance maximale. Vous souvenez-vous la première fois où vous avez été réellement amoureux? Je dis la première fois, car c'est la première découverte et l'on est très attentif.

Pour ma part, je ne voyais qu'elle. Si elle avait changé quelque chose dans sa coiffure, je le voyais immédiatement et je lui en faisais part. Idem pour son parfum, ses bijoux, la façon dont elle s'habillait, je voyais tout, je sentais tout. J'étais réellement à son écoute. Je pouvais lui rappeler des choses qu'elle m'avait dit des semaines auparavant. Je connaissais le goût de sa bouche, la texture de ses cheveux et de sa peau. Mes cinq sens étaient entièrement tournés vers elle et ce, au maximum de ce dont j'étais capable. C'était l'amour.

Bon, c'était très sélectif. Je ne voyais pas grand-chose d'autre à part elle et ma moto. Deux passions, deux amours, deux sujets de vigilance maximale.

Imaginons maintenant que j'élargisse le champ de ma vigilance maximale. À tout ce que je rencontre.

À la vie entière. Alors, c'est l'amour pour tout ce qui existe. C'est l'amour de la vie. Je peux alors affirmer que j'aime la vie.

Voyez aussi que, dès le début, je dois m'inclure dans cette vigilance maximale. Je dois m'inclure dans cet amour. Alors, je dois m'observer. Mes pensées, mes émotions, je dois écouter mes paroles, je dois observer mes gestes, je dois utiliser mes cinq sens au maximum pour moi-même. Je reviens aux outils du début pour détecter si je suis dans mes films ou pas. La boucle est bouclée. Les outils, la vigilance, la conscience.

Que m'arrive-t-il après cela ?

...

Le moment présent : l'Eldorado de l'ignorant

Au début du séminaire, quand nous parlions de l'esprit, nous avons vu qu'il n'existait que le moment présent mais que nos films nous le polluaient en nous ramenant dans le passé ou en nous projetant dans l'avenir. Je vous ai demandé comment aller dans ce moment présent et, surtout, comment y rester.

C'était un piège. De nombreuses personnes ont cherché et cherchent encore à être dans le moment présent. Des livres ont été écrits sur le moment présent et c'est devenu l'Eldorado du chercheur spirituel. Mes séminaires sont pleins de gens ayant tout lu sur le moment présent. Que faites-vous là ? Je vais vous le dire. Personne n'a compris que le moment présent est une résultante. Tant que vous le chercherez, vous ne le trouverez pas. La recherche, c'est un film. Les pratiques, les méthodes, même sur le moment présent, c'est un film. Le moment présent est une résultante.

Résultante de quoi ? Du fait d'être vigilant et conscient. Vous « tombez » alors dans le moment présent. Pourquoi le moment présent est-il vital ?

...

Voyez, c'est grave, vous ne savez pas pourquoi c'est vital. Certains m'ont répondu des évidences qu'ils avaient lues : « Le moment présent ? Il n'existe que ça ! »

Comment voulez-vous voir l'intérêt du moment présent avec une pauvre réponse comme celle-ci qui ne déclenchera aucune motivation ? Nous verrons demain matin pourquoi le moment présent est vital. Au moins, vous ne pourrez plus dire que vous ne savez pas.

Toujours est-il que se retrouver dans le moment présent n'est pas prévisible. Vous utilisez les outils pour savoir si vous êtes dans vos films ou pas, vous utilisez vos cinq sens pour être vigilant, vous êtes conscient, c'est-à-dire que vous mettez en lumière les mécanismes inconscients et, soudain, vous tombez dans ce que l'on nomme le moment présent. Le temps n'existe plus, toute tentative de film est shuntée.

Ça peut d'ailleurs être comique. Une fois, en séminaire, je devais reprendre la parole après Christophe, je n'ai pas pu. J'étais bien, la tête vide, les pieds sur terre, plus envie de parler. L'air simplet. Heureusement, Christophe connaît bien cet état et a repris la parole à ma place. J'avais été surpris par le moment présent. Nous ne sommes pas obligés d'y rester. En me forçant, j'aurais très bien pu reprendre la parole et sortir de cet espace parce que, oui, quand je parle, je ne suis pas dans le moment présent mais, par contre, j'en ai conscience. Et ça change tout.

Ce n'est pas une phobie que de ne pas être dans le moment présent comme je le vois chez les chercheurs spirituels. Qui eux, d'ailleurs, ne le sont jamais. Mais croient l'être. Et cherchent encore. En mimant un état paisible. Par contre, je n'aimerais pas habiter dans leur tête, c'est la confusion la plus totale!

Il faut faire la différence entre « être dans le moment présent » et « vivre le moment présent ». Si je vous pose la question, je suppose que je n'obtiendrai aucune réponse?

…

Être dans le moment présent, c'est ce que je viens de vous décrire: c'est une résultante de la vigilance et de la conscience. N'en faites surtout pas un but ou bien vous retomberez dans les filets du film qui vous projette dans un futur hypothétique avec promesse de libération.

Vivre le moment présent, c'est à l'exemple de l'artiste peintre absorbé par le tableau qu'il est en train de créer. D'ailleurs, nous ne sommes réellement créatifs que dans le moment présent. Cela fait une heure qu'il est penché sur son œuvre, palette en main, le temps n'existe plus. Rien d'autre que ce qu'il fait n'existe à cet instant. Il a mis son esprit totalement au service de l'instant. Si sa femme l'appelle pour déjeuner, c'est terrible. Il doit sortir de cet état où sa tête le laissait enfin en paix – normal, l'esprit est utilisé en tant qu'outil –, pour rejoindre le quotidien banal où ses films vont de nouveau l'assaillir. Vous comprenez ? C'est le lot de tout le monde et principalement des artistes et autres passionnés. Ils sont tellement bien, tellement présents dans leur passion qu'ils ne veulent en sortir et, s'ils en sortent, veulent y retourner aussitôt. Et s'ils ne peuvent y retourner, ils vont y penser, en parler pour maintenir cette « ambiance ».

Quand ils sont totalement absorbés dans ce qu'ils font, ils vivent le moment présent. Le retour au quotidien ne les intéresse pas, ils veulent bien vite retourner à leur passion. Pour certains, même aller manger est une torture car ils s'arrachent au bien-être qu'ils attribuent, par exemple, au fait de peindre une toile. Ils ne savent pas que cet état n'est pas lié à une activité précise mais au fait d'utiliser l'esprit comme l'outil qu'il est et que cela peut se faire pour tout acte quotidien, du matin au soir, sans sélection. C'est encore nos scénarios non vus qui classent les activités par ordre d'importance et d'intérêt.

Cela donne des gens célèbres pour leur art ou leurs créations mais qui, en fait, sont de gros fainéants de la vie. Jamais la vie ne vous demandera d'exceller dans un domaine toute votre vie et de négliger tout le reste dont les gestes simples du quotidien. La plupart, en effet, ont passé et passent leur vie à exercer leur art ou leur passion sans faire autre chose. Le plus souvent, ils sont ou étaient mariés à une femme, appelons plutôt cela une boniche, qui fait la cuisine, le ménage, les comptes, les courses, la lessive, s'occupe des enfants de A à Z, plus son propre travail, bien sûr.

Et, sous couvert d'être artiste, ces fainéants se cachent de la vie et de ces « viles besognes ». Ces personnages, adulés par le public, sont très loin d'être complets. Zéro pointé par la vie.

Tout comme, et ce n'est qu'un exemple, un boulanger qui, sous prétexte de se lever tôt et de travailler au fournil, ne ferait rien à la maison. Voire même, sa femme, qui travaille aussi pourtant, doit l'habiller. Fainéant. Zéro pointé.

Dix heures de travail répétitif quotidien depuis trente ans, aucune tâche annexe, aucune vigilance, aucune conscience, une vie qui ne sert pas d'exemple à ses enfants, bref, une vie sous le signe de l'ignorance. C'est-à-dire le contraire d'une vie consciente.

Troisième Module

Détectons la guerre permanente contre nous-même et les autres

Tout à l'heure, à table, vous avez dit que nous étions tous en guerre, pourquoi ?

Parce que c'est la réalité mais que personne n'en a conscience. Nous sommes en guerre contre nous-même et contre les autres. Dès le lever, vous laissez vos films prendre le contrôle de vous-même.

Dès qu'une personne va entrer dans votre sphère, ce sera un ennemi potentiel, même si c'est quelqu'un de proche. Vous-même, vous êtes déjà dans votre propre sphère et vous vous fustigez du matin au soir. Vous êtes en guerre contre vous-même. Vous tentez de fuir, mais partout où vous allez… Il y a vous !

Au lever, vous commencez déjà à vous assaillir de questions et d'obligations, « la liste du matin » des choses à faire. Puis, que ce soit sous la douche ou au petit-déjeuner, vous n'êtes pas à ce que vous faites, vous êtes hier, il y a un an ou, au contraire, mais ça revient au même, vous êtes tout à l'heure ou au week-end prochain. Vous vous sabotez dès le lever, vous ne vous donnez aucune chance à partir du moment où vous ouvrez les yeux. Nous verrons plus tard la gravité de cette habitude, en tout cas, cela va conditionner votre journée. Vous avez commencé la guerre insidieuse contre vous-même. Les premiers contacts avec les autres se font, de façon souterraine, sous forme de guerre aussi. Vous êtes en protection, comme d'habitude, puis les attaques plus ou moins visibles commencent.

Qui arrive réellement neutre devant une autre personne, même son propre conjoint ? Le réveil sonne, le mari se colle à sa femme dans le lit pour un « petit câlin » dit-il, mais avec une idée derrière la tête. Sa femme a autre chose à faire, elle a déjà sa liste du matin dans la tête et, même si son corps est encore au lit contre celui de son mari, sa tête, elle, n'est plus là. Et c'est la tête qui commande.

Alors, elle se lève, laissant au lit son mari qu'elle juge puéril et insouciant. Il ne montre de l'affection que quand il a envie de satisfaire ses envies sexuelles, celui-là… Mais lui, il va lui faire payer ça ! Elle veut des bisous et des câlins dans la journée ? Elle n'aura rien ! Il l'ignorera. La guerre est déclarée, aujourd'hui sous cette forme, demain sous une autre.

Les enfants n'ont qu'à bien se tenir car les parents ne sont pas d'humeur joueuse. Le mari éconduit arrive au bureau et déverse sa frustration sur sa secrétaire, aujourd'hui sous cette forme, demain sous une autre. À la pause, la secrétaire brimée déjeune avec ses collègues. Durant tout le repas, comme ses copines, elle ridiculise la « nunuche » de la bande, la rabaissant verbalement. Si on ne peut plus plaisanter entre copines… Pourtant ça a été une guerre terrible.

La nunuche, arrivée le soir chez elle, trouve un mari attentif qui écoute ses plaintes une heure durant. Le conjoint amoureux, mais vidé, n'a plus de patience avec son fils sur qui il déverse sa colère. Demain, le grand garçon, dans la cour de récréation, va rabaisser un de ses « copains ». Ce dernier, rentré de l'école va couvrir sa mère de reproches, etc. C'est la guerre. Aujourd'hui sous cette forme, demain sous une autre.

Où vous situez-vous parmi les quatre types de vampire ?

Pourquoi j'appelle ça la guerre ? Parce que l'on prend quelque chose à l'autre. Nous allons appeler cela du vampirisme et nous allons voir les quatre principaux types de vampire. Ça va être un choc pour vous, car vous allez être forcément l'un d'eux. Vous allez vous reconnaître même si nous avons les quatre types de vampire en nous. Parce que nous utilisons le plus souvent un seul fonctionnement vampirique mais nous nous adaptons très vite et sommes toujours prêts à changer de technique vampirique.

Vous utilisez ces techniques pour vampiriser autrui. On ne vampirise pas du sang, bien sûr, ça se saurait, mais nous verrons ça plus tard. Le but de la manœuvre est d'accaparer l'attention. Connaissez-vous le premier type de vampire ? Le plus visible, d'ailleurs ?

...

Ce peut être une « grande gueule », qui prend toute la place, qui ne laisse pas parler les autres, qui se moque très souvent, qui rabaisse les autres avec plus ou moins de finesse. C'est un extraverti, nous l'appelons « le dominateur direct ». Nous en connaissons tous. Ce sont généralement les leaders du groupe d'amis ou de collègues. Je dis que c'est le plus visible, mais il n'est pas plus efficace. Les quatre types de vampire sont à égalité quant à l'efficacité vampirique.

Le dominateur direct peut se faire vampiriser en quelques minutes par le deuxième type de vampire. Ce dernier se plaint constamment. C'est la mère qui téléphone à sa fille pendant une heure en se plaignant de son mari qui n'est pas assez gentil avec elle, de la hausse des impôts, de la taxe d'habitation, de sa santé, etc. Quand elles raccrochent, la fille est vidée et la mère regonflée. Nous appelons ce type de vampire « le plaintif », c'est un introverti.

Passons au troisième type de vampire qui, lui, est un extraverti. Si vous discutez avec lui, il va vous assaillir de questions. Il se fout des réponses. D'ailleurs, à chaque nouvelle question, il n'attend pas la fin de la réponse. Les petits enfants, par exemple, sont très forts à ce petit jeu-là. En voiture :

— Dis papa, c'est quoi ça ? (Désignant une chapelle).

— (En bon père, vous répondez). Alors ça, mon chéri, tu vois, c'est...

— (L'enfant, ayant vu autre chose). Et ça papa, c'est quoi ?

— Ah ! Ça, c'est...

— Et ça là-bas, à quoi ça sert ?

Mais cela concerne aussi l'adulte. Il va, de plus, rebondir sur les détails donnés dans vos réponses et vous mettre en porte-à-faux. Nous appelons ce type de vampire, « le questionneur ».

Le quatrième type de vampire est un introverti. Si vous avez à faire à lui, il ne dira rien. Vous le questionnerez pour savoir ce qu'il pense, surtout que son sourire énigmatique et sûr de lui doit en faire quelqu'un « qui sait ». En fait, c'est un poltron. Comme les trois autres types de vampire, il veut juste accaparer votre attention. Nous l'appelons « le silencieux ».

Vous savez déjà quel type de vampire vous êtes majoritairement, car, je le rappelle, vous êtes les quatre à des pourcentages très variables. Vous devez aussi reconnaître certains membres de votre entourage : conjoint, parents, enfants, amis, collègues de travail, etc.

Il est important de les connaître pour les repérer. Deux extravertis : le dominateur direct et le questionneur. Deux introvertis : le plaintif et le silencieux. Il existe bien sûr d'autres comportements vampiriques, mais ce ne sont que des ramifications des quatre principaux types que vous connaissez maintenant. Nous allons voir pourquoi il faut les connaître.

Pourquoi le vampirisme est-il vital ?

Vous avez compris que le vampire vampirise en attirant l'attention sur lui. Un vampire de Transylvanie, dans les films, va vous vampiriser en vous mordant et en aspirant votre sang. Dans notre société, les vampires utilisent ces quatre types de comportement pour vider leurs congénères. Les vider de quoi ?

De leur énergie ?

Oui. De leur énergie vitale. Du matin au soir, c'est un combat permanent pour prendre de l'énergie aux autres. C'est vital. La science l'a largement prouvé maintenant, nous sommes de l'énergie et fonctionnons à l'énergie. C'est celle-ci qui circule en nous, alimentant, entre autres, nos organes dont le cœur, le cerveau, etc. Si l'énergie est trop basse en nous, alors, c'est la maladie, de la plus bénigne jusqu'au cancer. Plus d'énergie du tout en nous et c'est la mort. Voyez donc que cette guerre insidieuse et permanente est vitale.

Nous nous vampirisons déjà nous-mêmes tout seuls, comme des grands, par toutes nos pensées et nos émotions non observées. Une heure d'anxiété, trois ans de culpabilité, vingt minutes de justification, une vie de nostalgie, d'auto-dévaluation ou de doute puisent votre énergie vitale. Il est donc vital de se recharger, surtout que les autres viennent vous puiser pour leurs « propres » besoins. Ils n'en ont cure que vous tombiez malade, comprenez bien qu'à ce petit jeu-là, c'est chacun pour soi. Sinon, vous ne vampiriseriez pas votre propre conjoint, vos parents, ou pire, vos enfants.

Toute la journée, sous apparence sociable, une lutte pour la survie s'opère. Un peu comme si nous étions en voiture et allions siphonner de l'essence dans les voitures des autres, nous faisant nous-même siphonner.

Il y a quand même un gros problème: l'énergie volée a déjà servi et est viciée. Nous fonctionnons donc avec une énergie qui a servi et resservi, en circuit fermé. À ce rythme-là, nous serions tous morts. Heureusement, il y a un moment où nous nous rechargeons d'énergie fraîche. Quand est-ce?

Dans la nature?

Non, sinon les citadins seraient déjà tous morts. Remarquez, peut-être le sont-ils et ils ne le savent pas. Non, je vais vous le dire, vous vous rechargez d'énergie fraîche durant votre sommeil. Vous êtes rassurés, hein? Vous allez vite déchanter.

Vous ne vous rechargez que durant le sommeil profond et c'est loin d'être suffisant. Vous ne vous rechargez pas complètement car la folie de l'esprit non surveillé le jour continue la nuit. Comme vous n'observez pas ces pensées et émotions le jour pour les empêcher de nuire, elles poursuivent en toute impunité leurs délires la nuit. Elles puisent donc de l'énergie la nuit aussi. Vous n'êtes pas toute la nuit en sommeil profond, vous rêvez et les rêves, ce sont encore des films. Certains analysent les rêves, c'est terrible. Jamais ils ne sortiront de l'intellect. Vu qu'ils rêvent aussi la journée…

En fonction des nuits que vous passez, vous pourrez évaluer si vous utilisez votre esprit comme l'outil qu'il est ou non. Je ne rêve pas et si cela m'arrive, c'est que mon attention et ma vigilance ont baissé dans la journée. Et puis, contrairement à vous, je n'attends pas la nuit pour me charger d'énergie fraîche. C'est pour cela que je ne vampirise pas les autres… Mais nous n'en sommes pas encore là.

Donc, heureusement, vous vous rechargez la nuit. Mais pas complètement. Beaucoup se lèvent le matin, fatigués. Ils peuvent dormir dix ou douze heures, ils seront toujours fatigués. N'étant pas habitués, la journée, à voir leurs films, ce qui, je le rappelle, empêche la perte d'énergie, ils subissent encore leurs films la nuit. Ils se lèvent fatigués.

Faites bien la différence entre la fatigue énergétique et la fatigue physique. Quand vous saurez vous recharger d'énergie fraîche toute la journée, que vous ne serez donc plus en guerre, il n'y a que la fatigue physique qui vous arrêtera. Si je ne dormais pas pendant deux jours, mon corps serait très fatigué et je tomberais de sommeil. Mais, durant ces deux jours, si l'on mesurait mon taux d'énergie, et il y a des appareils qui le font, je serais à cent pour cent.

Comment se protéger du vampirisme de nos congénères ?

Peut-on se protéger du vampirisme ?

Oui, heureusement. Et vous devez être en mesure de me donner la solution.

...

Vous voyez, les lectures spirituelles ne vous ont pas habitués à une logique pratique, celle de la vie.

Nous avons vu ensemble qu'il suffit de voir les agissements de nos films pour qu'ils ne vous puisent pas d'énergie et s'épuisent eux-mêmes. Eh bien, c'est en voyant les agissements vampiriques de votre entourage que vous ne serez pas épuisés. Vous ne pouviez pas le trouver parce que vous ne mettez déjà pas en pratique l'attention vis-à-vis de vos pensées et émotions.

Prenons l'exemple d'un dominateur direct qui vous attaque à coup de moqueries. Vous êtes entre collègues de travail ou entre amis, et il vous a choisi comme victime. Les railleries commencent à fuser à votre encontre devant un public amusé. Oui, le dominateur a souvent besoin d'un public. Se moquer de l'autre en tête-à-tête a bien moins d'intérêt que devant un public auquel il vole de l'énergie aussi, bien entendu, puisqu'il accapare l'attention.

Aujourd'hui et les jours à venir, va se poser un problème pour ce dominateur direct, c'est que vous avez conscience de ses agissements, entendez, vous mettez en lumière le pourquoi il le fait et même, comment le contrer.

Avant, vous subissiez des pertes d'énergie importantes car vous n'étiez pas conscient. Aujourd'hui, vous voyez le *making of*.

Alors, voilà ce qui va se passer : comme vous voyez ce mental dominateur en action, ses attaques ne vont pas vous toucher. Votre regard a changé. C'est le regard de celui qui sait ce qui se passe derrière les apparences. Que va-t-il se passer d'après vous ? Eh bien, votre vampire va se détourner de vous et chercher une autre victime. Tout cela est la conséquence d'une action souterraine, invisible.

Dans le visible, cela n'empêche pas l'action. Vous pouvez très bien expliquer à cette personne, sa lâcheté, sa fainéantise et son ignorance.

Je dis « ignorance », parce que nous allons voir maintenant que vous pouvez vous brancher sur la source d'énergie qui alimente tout ce qui vit. Avoir de l'énergie fraîche en permanence et vous recharger au cas où vous vous seriez déconnecté. Donc, l'ignorance, c'est de ne pas savoir ça. Ce n'est pas un jugement, c'est un constat. Et vous pouvez le faire à grande échelle, puisque c'est la cause de tous les conflits dans le monde, du plus petit au plus grand.

Je dis aussi « fainéantise » parce que l'être humain préfère vampiriser son prochain, et donc lui faire la guerre, plutôt que trouver la solution ultime. Et vous verrez que même quand vous l'aurez, et d'ailleurs, vous l'avez déjà, la fainéantise fera que vous reviendrez vers vos schémas vampiriques : puiser l'énergie chez les autres.

Nous avons vu comment se protéger du vampirisme : il suffit de le voir. C'est comme les outils que nous avons vus au début. Les films auto-créés sont vus, ils ne peuvent plus vous prendre votre énergie, s'affaiblissent, reviennent moins vite, moins fort, moins souvent pour, finalement, ne revenir que de temps en temps, si vous faites preuve d'attention.

Comment être plein d'énergie ?

C'est très bien de ne pas se faire vampiriser, il faut maintenant savoir comment se recharger d'énergie fraîche. Sinon, vous allez continuer de vampiriser. Alors, où se recharge-t-on ? Et ne me dites pas dans la nature. Je peux rester plusieurs années en ville et déborder d'énergie.

...

Vous ne savez pas. Même intellectuellement. Et c'est normal, parce que ça n'a pas été dit. Il y a eu de très bons livres écrits sur le moment présent et ils n'ont pas spécifié ceci. C'est un oubli impardonnable. Ou de l'ignorance. Oui, car c'est dans le moment présent que vous vous chargez d'énergie ! Cette énergie est non viciée, c'est l'énergie de vie. Regardez, la boucle est bouclée.

Je vais prendre un exemple pour vous éclairer. Imaginons que, comme d'habitude, vous téléphoniez à votre fille pour vous plaindre. Soudain, durant la conversation (claquement de doigts), vous vous apercevez que vous vous plaignez, que vous avez un rôle de victime. Ce sont des outils qui vous montrent que vous étiez dans votre film, que vous n'étiez pas là. Étape suivante : la vigilance. Vous utilisez vos sens que vos films obstruaient jusque-là. Vous regardez donc vraiment autour de vous, écoutez réellement, etc. En fait, vous revenez à la vie. Et soudain, vous prenez conscience, vous mettez en lumière le fait que ça fait des années que vous vampirisez votre fille toutes les semaines en vous plaignant au téléphone.

Alors, la résultante de l'utilisation des outils, de la vigilance, de la conscience, fait que vous pouvez tomber dans le moment présent si vos films ne vous happent pas de nouveau.

Tout s'ouvre en vous et l'énergie passe totalement.

Certains parlent d'ouverture de « chakras », ces centres énergétiques en nous. Personne ne les voit, mais tout le monde en parle. Moi, je ne les vois pas, je n'en parle pas. Par contre, l'énergie, vous la sentirez. Vous verrez très bien si vous avez plus d'énergie qu'avant.

Ne croyez pas que c'est tout ou rien. Le simple fait d'utiliser les outils pour voir si vous êtes dans vos films ou non fera que ces derniers ne vous puiseront plus ou beaucoup moins d'énergie, et le retentissement sur votre vie sera déjà très important.

Ensuite, l'utilisation des cinq sens par la vigilance va vous amener à vivre avec encore plus d'énergie qu'auparavant.

Enfin, la conscience, c'est-à-dire les mises en lumière que vous effectuerez, va débloquer en vous des nœuds d'énergie stagnante.

La résultante de tout ceci, le moment présent, vous ouvrira grandes les portes de l'énergie. Quelle est cette énergie ?

C'est l'énergie de vie. L'énergie vitale. L'énergie créatrice, celle qui vous a fait naître ainsi que tout ce qui existe. Le moment présent est « une pompe à essence » pour se recharger d'énergie quand il le faut. Voyez la folie des chercheurs spirituels qui veulent demeurer dans cet état sans jamais en sortir et paniquent parce qu'ils n'y sont jamais. Rester à vie à la pompe à essence, quelle absurdité!

Certains appellent cette énergie « Dieu ». Je ne suis pas croyant. Et, paradoxalement, je vis ce dieu au quotidien, plus que beaucoup de croyants. Si tous les films que je me faisais à longueur de journée n'avaient pas été vus à force d'attention, alors, probablement, serais-je croyant. Je vivrais donc sous influence puisqu'une croyance, quelle qu'elle soit, n'est qu'une influence. Paradoxalement encore, c'est le contraire de la foi. La foi est une certitude. Une certitude n'en est une que si elle est vécue, expérimentée. Sans influence, à la base.

Soyez vigilants, soyez conscients, et voyez s'émietter vos croyances alors que la vie passe en vous avec force. Cette énergie de vie qui passe enfin librement en vous, c'est, entre autres, l'enthousiasme. Vous connaissez l'étymologie du mot « enthousiasme »? « Transport divin, état de l'Homme en qui la divinité est présente pour l'habiter et l'inspirer ». C'est beau, non? Cette énergie qui passe en vous, c'est la joie de vivre sans raison, c'est la curiosité, c'est la folie…

Comment allez-vous pouvoir, maintenant, rester dix ans à faire le même travail alors que la vie, qui est changement, passe en vous et vous pousse à l'aventure ? Comment allez-vous pouvoir habiter cinq ans au même endroit, voir les mêmes murs, alors que la vie, cette curieuse, vous pousse vers d'autres horizons ? Comment allez-vous pouvoir vivre une relation insatisfaisante avec celui ou celle qui partage votre vie alors que cette énergie qui passe en vous est l'amour, c'est-à-dire, la vigilance maximale ?

Vous avez les moyens de vivre une vie nouvelle, connecté à la source d'énergie. Comparée à l'ancienne vie, faite de vampirisme d'énergie viciée, c'est comme passer de l'obscurité à la lumière. C'est la base de tout changement.

Et pourtant… Peu vont changer.

Pourquoi ça ?

L'inconfortable confort des habitudes. La fainéantise.

Mais si c'est inconfortable, nous devrions être poussés à changer, non ?

L'être humain est masochiste. Garder un inconfort, une souffrance, lui permet d'exister. De se sentir exister. Il n'a pas compris qu'avec une vie simple, il existe de toute façon.

C'est pour cela que, même sachant tout ce que je vous ai dit, l'Homme n'est pas prêt à changer. Pourtant, quand vous allez mettre en pratique ce séminaire, vous allez vous apercevoir que la guerre quotidienne n'est pas utile. Il y a une alternative. Qui n'a d'ailleurs rien à voir avec la paix prônée par les pacifistes. Lesquels sont en guerre, eux aussi. J'ai déjà vu des pancartes « Mort aux fascistes ! » Les gens aiment la guerre, ils se complaisent dans le conflit.

Il faut des événements extrêmes pour changer l'être humain. Et ce, régulièrement, car il a très vite oublié. Il est inconscient. Dans le sens, vous le comprenez maintenant, qu'il ne met rien en lumière. Il vit dans l'obscurité. Comme il ne met rien en lumière, il refait les mêmes erreurs plusieurs fois. Et ça devient une faute.

Si bien que vous avez aujourd'hui la solution pour mener une vie consciente et pourtant, si nous nous donnons rendez-vous dans six mois ou un an, qui aura mis en pratique et changé ?

Gardez tout cela précieusement, ce sera votre salut quand vous serez touchés par ce que vous aurez semé : maladie grave, accident, perte d'un enfant, séparation, etc.

L'être humain avance à force de menaces et de coups de bâton. Il maudit la vie, mais celle-ci ne le force pas à rester…

C'est dur…

C'est la réalité. Rien n'est plus pénible à voir que la vérité. Pourtant la vie est un jeu. Si vous la subissez, c'est que vous ne jouez pas. Il existe un obstacle énorme au changement sous forme de croyance. Nous allons donc voir les règles du jeu et ouvrir grandes les portes du dressing-room où vous attendent vos costumes de scène recouverts de poussière pour cause de non-utilisation…

Quatrième Module

Le jeu de la vie et ses déviations

Nous sommes venus sur terre pour jouer. Forcément, vu de l'extérieur, nous n'avons pas l'impression de voir le monde jouer. Il est plutôt question de survie, de conflits, de pouvoir et, quand on aborde le jeu, il est étroitement lié à l'argent.

Il existe trois sortes de jeux. Un seul, le premier, le jeu de la vie, est naturel. Comme personne n'y joue, deux autres ont été inventés par l'Homme.

Pourquoi personne ne joue au premier jeu ?

Parce que, pour y jouer, il faut être vigilant et conscient. Vous voyez, nous y revenons toujours. Quelqu'un pris dans ses pensées et ses émotions ne joue pas au jeu de la vie. Il est dans sa tête, pas dans la vie qui l'entoure. Il aperçoit cette vie autour de lui, mais ne la regarde pas vraiment. Il la distingue à travers ses cinq sens brouillés par son activité mentale incessante.

Bon, maintenant, comme vous êtes dans un de vos films, vous utilisez les outils du début. Cela vous ramène à la vie, vous utilisez alors vos sens pour être vigilant à ce qui vous entoure, vous mettez en lumière des choses qui étaient dans l'ombre, c'est la conscience. Vous illuminez votre vie.

Vous vous apercevez alors de certaines « coïncidences ». Maintenant que vous écoutez vraiment, vous vous rendez compte que la discussion, derrière vous au restaurant, répond à votre problématique du moment. Et cela arrive plusieurs fois dans la journée. Vous avez des « signes » accessibles à vos sens et ces signes vous parlent. Cela devient un jeu de piste que de suivre ces signes qui donnent des directions à votre vie et vous parlent de vous. C'est ce que j'appelle le jeu n° 1, le jeu de la vie. Il demande une vigilance quotidienne du matin au soir et ouvre à la magie de la vie. Nous allons en parler tout à l'heure après avoir vu les deux autres jeux.

Vous comprenez bien que la personne qui se lève le matin et vit dans sa tête ne peut avoir accès à cette Intelligence de vie. La vigilance ne figure même pas sur sa liste de préoccupations. Et même si elle y figurait, ce serait en dernière position après le vampirisme, l'argent, le culte de l'apparence, se faire plaisir, satisfaire tous ses désirs, surprotéger ses enfants, etc.

Cette personne ne joue pas au jeu de la vie, le seul existant naturellement et raison de notre venue sur cette terre. Pourtant, les gens pressentent qu'ils sont venus ici pour jouer. Nous sommes comme des enfants. Nous sommes joueurs. Alors, comme nous ne sommes pas vigilants, nous avons inventé le jeu n° 2.

Le jeu n° 2

C'est un jeu dans le jeu initial. Il est compensatoire. C'est, entre autres, tout ce qui est compétition. À l'origine, faire du vélo ou taper dans un ballon est tout à fait sympathique et fait partie des divertissements du jeu n° 1. L'esprit humain a perverti l'amusement à coup de pouvoir, d'argent et de politique. Il y a une énorme différence entre une partie de tennis entre amis et la compétition. On en arrive à un monde qui tourne à l'envers avec, par exemple, une infirmière qui aura un salaire de 1 500 euros par mois, et un joueur de football qui gagne 15 000 euros par mois. Or, l'une est utile tandis que l'autre est complètement inutile. Un joueur de football, un joueur de tennis ou un pilote de Formule 1 ne servent à rien. Courir après un ballon, une balle ou tourner en rond pendant des heures dans une voiture est complètement inutile. Mais ça, personne ne le voit. Pire, je me fais mal voir si je le dis. Et tant mieux, se faire mal voir par des inconscients revient à dire que l'on fonctionne dans le sens de la vie.

Au départ, la voiture est une très bonne invention. Pour se déplacer. En faire un objet de culte ou de compétition est un signe d'ennui profond dans la vie. Même la télévision qui, au départ, aurait pu aider à ouvrir les consciences, est un objet d'abrutissement complet. Les jeux débiles qui y passent montrent le niveau de conscience du pays concerné.

Le jeu n° 2 comprend donc, en vrac, tout ce qui a été détourné de son utilisation initiale pour l'argent, le pouvoir, le sexe, ou lutter contre l'ennui. L'être humain tend tout de suite à l'extrême. Il s'achète un vélo de course et, tout de suite, il le suréquipe, se suréquipe, s'impose des sorties et des entraînements réguliers même s'il n'en a pas toujours envie et cela devient une passion.

Une passion, que ce soit le sport, la pêche, le bricolage ou n'importe quelle collection, est juste là pour vous faire supporter la vie. C'est un alibi pour vivre. Cette passion d'ailleurs, peut être un homme, une femme, une enfant ou un animal, mais là n'est pas notre sujet. Dans le jeu n° 1, la vie tout entière est passionnante puisque nous sommes à l'affût de tout, tout est intéressant. C'est un énorme jeu de piste et même une école, un théâtre, comme nous le verrons plus tard.

Si, par manque de vigilance, nous ne vivons pas cela, alors à quoi sert notre vie? Il faut bien une passion pour supporter cette vie. C'est le rôle de toute passion sélective du jeu n° 2. Un gouvernement a bien compris que pour maintenir son peuple sous contrôle, il lui faut dispenser du jeu. Compétitions de toutes sortes, jeux télévisés, jeux d'argent, etc. Il y a même des jeux qui n'ont pas évolué, où il est encore question d'un animal dans une arène! C'est dire si la folie, depuis des siècles, a gardé sa suprématie sur l'être humain. D'ailleurs, les empereurs romains avaient bien compris que, pour asservir en douceur le peuple, il fallait lui donner du pain et des jeux!

Les moins assidus dans le jeu n° 1 sont des « killers » dans les jeux n° 2 et 3, les jeux inutiles. Ne prenant aucun risque dans la vie réelle, ils se permettent tout dans les autres jeux tant qu'il n'y est pas question de prise de risque avec leur argent.

Je connais un fonctionnaire qui s'ennuie dans le même bureau depuis vingt ans, qui habite dans la même maison, achetée à crédit, depuis dix-huit ans. Bref, il possède la panoplie complète de celui qui ne joue pas dans le jeu de la vie, des deux voitures neuves au home-cinéma. Par contre, quand je joue aux cartes avec lui, c'est un tueur. Il prend des risques insensés, il se transcende. Il flirte avec l'arrogance, ses yeux crachent des flammes. Il est vivant. Puis tout s'éteint à la fin de la partie. Il prend sa grande voiture, rentre dans sa grande maison, zappe un peu sur son grand écran, bref, reprend sa petite vie… Il est aussi très fort aux jeux vidéo et cela m'amène à vous parler du jeu n° 3.

Le jeu n° 3

C'est le monde du virtuel. Nous croyions que le jeu n° 2 était la pire déviation du jeu de la vie, eh bien non, il y a pire.

Autant, avec le jeu n° 2, il y avait un contact avec la réalité, nous transpirions, nous sortions, nous étions actifs, collectifs, autant avec le jeu n° 3, c'est le monde de l'irréel, l'immobilisme et le repli sur soi-même.

Pensez donc, en une semaine, on peut faire une saison complète de football, une autre de Formule 1, une de cyclisme et une autre de golf. On peut sillonner le monde même ceux qui n'existent pas, tuer des gentils ou des méchants, même s'ils n'existent pas. Bref, c'est l'action maximale tout en étant inactif au maximum.

Pourtant, pourtant… Si le joueur virtuel réfléchissait un peu, il s'apercevrait que le petit bonhomme qu'il dirige à l'écran, c'est lui dans ce monde. Les objets et les informations à collecter, les énigmes à résoudre, les dialogues à amorcer avec un inconnu pour recueillir des indices, les risques à prendre pour construire quelque chose… c'est la vie !

Le parallèle est évident entre le petit bonhomme à l'écran, relié au joueur par une manette, et nous, sur terre, reliés à notre âme, nous dirigeant par la conscience. Quand le petit bonhomme meurt à l'écran, le joueur, lui, reste en vie. Cela n'a aucune incidence sur lui.

Quand, dans la vie, nous mourons et donc quittons ce costume de chair et d'os, c'est alors que ce que nous sommes vraiment, l'âme, immortelle, n'est pas touchée. Tandis que le joueur virtuel reprendra un nouveau bonhomme à l'écran, nous, notre âme reprendra un nouveau corps pour aller jouer sur terre. Les problèmes commencent quand le joueur virtuel s'identifie à son personnage à l'écran. Certains se sont trop identifiés au personnage dans les jeux de rôle et se sont suicidés à la mort de leur personnage patiemment construit. Mais ce sont des cas très rares.

Sur terre, il y a un juste milieu entre l'identification à ce personnage de chair et d'os, et s'en moquer totalement au point de le négliger, le droguer ou lui faire prendre des risques inutiles. Le juste milieu, et c'est naturel, est de prendre soin de son personnage et de le faire évoluer consciemment… Tout en gardant à l'esprit qu'il n'est pas nous !

Il existe même des jeux où vous incarnez un personnage et faites exactement ce que vous feriez dans la vraie vie ! C'est très con. Pourquoi ne pas le faire directement dans la vraie vie puisque c'est ce que nous sommes venus faire ? Nous sommes venus expérimenter des choses à travers notre petit personnage de chair et d'os. Pourquoi surajouter un jeu au jeu de la vie déjà existant ? Pourquoi se rendre chez le coiffeur et se faire des amis sur une console de jeu ou un ordinateur via une deuxième vie ?

Les gens ne veulent pas prendre de risques.

Dans la vraie vie, il y a aussi peu de risques à monter une société qu'à se rendre chez le coiffeur. Tout dépend si l'on joue ou non. D'ailleurs, il y a probablement plus de personnes tuées en allant faire leurs courses qu'en montant une société. Où est le risque, à part dans nos têtes ? Nous sommes venus jouer. Votre personnage, sur terre, pensez bien que vous allez devoir le rendre à la fin de votre vie. Game over.

Alors, profitez-en. Imaginez-vous, par exemple, en train de jouer à un jeu vidéo où vous dirigez un petit bonhomme qui doit évoluer via les énigmes qu'il résout, les gens qu'il rencontre, les choses qu'il construit, les objets qu'il trouve. Mais vous, dès le début du jeu, vous restez dans votre coin, au début du premier niveau, à tourner en rond, de peur de vous aventurer plus avant. Vous refusez le jeu. Il vous reste nombre de niveaux à explorer, des gens formidables à rencontrer, des énigmes excitantes à résoudre, des lieux formidables et des objets hétéroclites à découvrir, ainsi que votre créativité à développer afin de construire des choses et participer ainsi au jeu.

Mais non. Vous avez votre petite maison en début de niveau 1, votre petit travail, votre petit pécule, votre petit cercle de connaissances, vos petites acquisitions et vos petits loisirs pour compenser cette vie déprimante et vous vivotez ainsi jusqu'au game over. Vous avez vécu 1 % du jeu. Et vos enfants, à qui vous faites découvrir la vie, pensent que le jeu se résume à cela. Pas étonnant qu'ils le refusent en bloc. Pas étonnant qu'ils ruent dans les brancards ! Ils pestent contre la vie, mais nous ne leur avons montré qu'une infime partie peureuse de ce qu'est la vie. Même l'école n'en parle pas.

Nous formatons nos enfants à ne pas jouer dans la vie. J'ai une anecdote à ce sujet et elle est terrible pour moi. Mes parents avaient une vie classique : un travail inintéressant, toujours le même, moyennement rémunéré, une maison, toujours la même, en lotissement et une voiture. Moi, à seize ans, j'étais un rebelle, je roulais déjà à moto, j'écoutais de la musique forte, j'avais des tendances anarchistes, je rêvais de grands espaces et j'étais toujours le chef de bande ou l'électron libre.

Un jour, en classe de français, la prof nous demande abruptement comment nous imaginons notre vie plus tard. Quand elle me pose la question, tous les regards sont tournés vers moi, dans l'attente d'une réponse folle ou, du moins, originale, en tout cas, fleurant bon l'aventure.

C'est alors que je m'entends répondre que je souhaite avoir une maison, un travail tranquille et une voiture… Déception, voire consternation chez mes camarades et conclusion de ma prof que je n'oublierai jamais :

— « Ah oui, une vie de petit bourgeois, quoi ! »

J'étais déjà formaté. La faute à personne. Mais qui jouait le jeu de la vie dans mon entourage ?

Personne. Ce n'est que beaucoup plus tard que j'ai connu le jeu de la vie. La vie avait donc un sens ! Une Intelligence. C'est rassurant.

Le jeu de la vie : signes et enseignement

Alors, quel est ce jeu n° 1 ? Ce jeu de la vie ? Tout d'abord, savez-vous pourquoi personne n'y joue ? Parce qu'il faut être vigilant.

Votre vigilance va vous amener à capter, grâce à vos sens, ce que l'on appelle des « signes ». Des signes de la vie. La semaine dernière encore, je me posais une question sur l'illustration de la couverture de mon prochain livre. J'ai eu la réponse à ma question, sans que je la pose d'ailleurs, au travers de trois signes. Le premier m'a été donné alors que j'allumais un feu de cheminée. Je souhaitais l'allumer avec les pages d'une revue et, lorsque j'ouvris cette dernière, le titre de l'article que j'avais sous les yeux répondait à ma question. Plus tard, dans la matinée, j'eus deux autres signes qui complétèrent et confirmèrent le premier.

Vous voyez bien que n'importe qui, allumant un feu, dans cet exemple, sera dans ses pensées et ne verra rien. Pour cette personne, le but est d'allumer un feu et elle est déjà projetée au résultat. Le chemin à parcourir pour atteindre ce but est, pour elle, une contrainte ou, en tout cas, pas digne d'intérêt. Or, la vie lui parlait tandis qu'elle était dans ses pensées. Et cette personne a négligé la vie, donnant la priorité à ses films et à ses rêveries.

Pour ma part, quand je me posais une question au sujet de mon projet, je ne m'inquiétais pas puisque je savais que j'allais être guidé ou qu'il y aurait confirmation.

La vie nous parle tous les jours par des signes accessibles à nos sens. Il ne faut pas être pris dans ses pensées pour avoir les sens clairs. Et plus vous serez vigilant, plus il sera facile et évident de capter les signes. Et cela n'a rien à voir avec les capacités intellectuelles. Un grand chef indien, chaman, disait « Tout ce qui passe près de moi, me parle ». C'est exactement cela, rien n'est anodin.

Il y a quelques jours, un ami me téléphone et nous discutons de choses et d'autres. Au moment où il évoque un projet qui lui tient à cœur, j'entends la sirène hurlante d'un camion de pompiers dans le combiné. Cela venait probablement de la rue passant devant l'immeuble de mon ami.

Sans extrapoler, je le mis aussitôt en garde dans la réalisation de son projet. Je n'avais pas assez de signes pour avoir une orientation précise, mais celui-ci était immanquable ! J'en fais part à mon ami. Il n'avait rien entendu ! Une sirène hurlante peut passer à côté de vous et vous êtes capable de ne pas l'entendre ! Vous êtes capable de visiter une maison pour l'acheter, il y a une mauvaise odeur aujourd'hui suite à un reflux des égouts, cette odeur ne sera plus là demain, elle était juste là pour vous avertir : « Ça sent mauvais cette histoire ! »

Même chose pour la personne avec qui vous devez faire affaire et qui, ce jour-là, sent mauvais de la bouche. La vie vous prévient. Attention, ça sent mauvais, lis bien les termes du contrat jusque dans les petites lignes !

La première fois que j'ai eu rendez-vous avec un imprimeur, il est arrivé une demi-heure en retard. Cela ne voulait pas dire « Ne travaille pas avec lui », car il fait du très bon travail. Cela me prévenait qu'il serait en retard dans son travail avec moi. J'en ai tenu compte, j'ai avancé toutes mes dates de livraison de deux semaines. Et l'imprimeur a eu deux semaines de retard, se confondant en excuses. J'ai dû jouer le jeu pour ne pas rire. J'étais au courant. Parce que je suis vigilant.

J'ai connu une personne qui a quand même acheté une voiture d'occasion qui lui plaisait beaucoup alors que la vie, bienveillante, lui adressait de multiples mises en garde. La vie le dirigeait même vers la voiture avec laquelle il n'aurait aucun problème. Mais il était obnubilé par ce véhicule comme un enfant faisant un caprice. Le concessionnaire oublie la clef au moment de lui faire essayer le véhicule ; un homme passe à côté de lui en criant à sa femme : « Laisse tomber, on n'achète pas ! » Mais mon ami ne voit rien, n'entend rien et l'achète. Ça a été terrible, le prix du véhicule a triplé en réparations. Puis, finalement, la vie a été sympa avec lui, il s'est fait voler son véhicule. Cet homme a usé de son « libre-arbitre ». Or, dans le jeu de la vie, le libre-arbitre n'existe pas.

Je ne crois pas en la Bible, mais je peux me servir du support de vos croyances. Au début, Adam et Ève étaient au paradis, tout allait bien. Ils ne devaient toucher ni à l'arbre de vie, ni à l'arbre de la connaissance du bien et du mal. Ils croquèrent le fruit de ce dernier, c'est-à-dire qu'ils expérimentèrent le libre-arbitre, le choix. Ils se coupèrent alors de la Source et menèrent une vie sous l'emprise de leurs pensées compulsives qui, seules, mettent une connotation de bien ou de mal sur un événement. Alors que n'importe quel événement est neutre. C'est le début des conflits puisqu'ils se détournèrent de la guidance de Dieu – la Vie. Et cela donne le monde dans lequel nous vivons.

Vous êtes guidé vers le meilleur pour vous par des signes accessibles à vos sens. Pourquoi se compliquer ? Avoir des choix restreints et inadaptés n'est pas la liberté. Le libre-arbitre vous coûte beaucoup d'argent et même la santé.

Un jour, avec Christophe, nous allons prendre un verre chez un psy. Chez elle, règne un désordre incroyable sans parler de la saleté omniprésente. Quand on sait que notre maison reflète ce que l'on est… Elle gardait tout et tout sentait le vieux. Quand elle nous a apporté une grande canette de bière à chacun, j'ai attendu qu'elle retourne à la cuisine pour regarder la date de péremption sous la boîte. Périmée depuis trois ans ! Nous ne l'avons pas bue et inutile de vous dire que, quand elle nous a invités à rester pour dîner, nous avons décliné l'invitation et nous sommes sauvés en courant !

Le choix est le problème principal de l'être humain. Les cinq sens en éveil nous permettent de mener une « vie évidente ». Et non dénuée d'aventure puisque c'est un jeu de piste du matin au soir.

Le jeu ne s'arrête pas là, il est infini. La vie nous oriente, répond à nos interrogations, mais aussi, nous enseigne, nous permet d'élargir notre conscience, certains disent « d'évoluer ». La vie nous présente des expériences qui vont répondre à nos problématiques du moment. Quelqu'un qui veut avoir confiance en lui, aujourd'hui, va consulter des livres traitant de la « confiance en soi », va suivre des conférences et des stages sur le sujet, va aller voir un psy ou s'en remettre à Dieu. Et rien de tout cela ne va fonctionner. Pourquoi ?

...

Parce qu'il n'y a pas eu d'expérimentation réelle. La vie se vit dans la vie, sans croyances et sans méthodes. Vous voulez avoir confiance en vous ? Alors, vous allez vivre dans l'insécurité. La vie va vous enseigner sous forme d'expériences insécurisantes. C'est de cette façon que vous aurez confiance en vous. Mais vous refusez. Quand les expériences arrivent, vous vous plaignez que la vie est dure, injuste et vous vous tournez vers… la sécurité ! Vous retournez vers les livres, les méthodes et les croyances qui vous apportent un cadre sécurisant mais, avouons-le, sont hors vie, hors expérience brute de la vie. Voyez-le maintenant.

Si vous laissez faire la vie, alors vous allez vous apercevoir qu'un certain type d'expériences revient souvent. C'est normal, c'est ce que vous êtes venu transcender sur terre. Si je suis, par exemple, introverti, peut-être la vie va me pousser à l'extraversion via de multiples expériences allant dans ce sens si c'est ce que je suis venu transcender.

Imaginons un homme qui, depuis sa plus tendre enfance, reste tout seul dans son coin et se renferme sur lui-même. En arrivant à l'âge adulte, il travaille dans son petit bureau avec pour seul compagnon, son ordinateur. Ce qui lui convient très bien. Mais nous sommes venus ici pour jouer et non nous cacher. Cet homme est donc venu pour transcender son introversion et son penchant pour la solitude.

S'il laissait faire la vie, cela se réglerait rapidement et simplement, ce n'est pas grand-chose.

Mais il préfère rester dans cet inconfortable confort de ce qu'il connaît : l'introversion et la solitude. Pourtant, les occasions ont été nombreuses, toute sa vie, de s'extravertir, de rejoindre un groupe. La vie lui a présenté, sur un plateau d'argent, moult occasions de changer. Il a toujours refusé. Il n'est pas là pour jouer. Même aujourd'hui, où son chef de bureau lui propose d'animer la réunion hebdomadaire du lundi. Il n'y a que dix personnes. Ce serait un bon début. Ce serait l'aventure. Il décline l'invitation. Demain, il lui sera découvert un cancer ou il aura un très grave accident qui l'immobilisera afin qu'il réfléchisse à la platitude de sa vie…

Il sera considéré comme un héros anonyme ou une victime. Non, il ne fait tout simplement pas ce qu'il est venu accomplir ici-bas. Comme un pommier qui, ivre de libre-arbitre, refuserait de donner des pommes ou préférerait donner des poires ! C'est impossible. Et ce qui n'a pas son utilité est éliminé.

Mais si je regarde bien, j'ai à faire à nombre d'expériences très différentes!

Très bonne remarque. L'être humain s'est compliqué. Il venait tout simplement expérimenter ce qu'il avait à transcender. La vigilance et la conscience l'amenaient joyeusement et tout simplement à cela. Mais l'Homme a préféré suivre ses films plutôt que la vie, il voulait tout, comme un enfant gâté. L'esprit dénué de vigilance, au point de vue des désirs, est un puits sans fond. Si vous l'écoutez, il vous promet le bonheur dès que vous aurez acquis ceci, quand vous serez comme cela, à peine vous serez là-bas et avec celui-ci.

Alors, vous créez une multitude d'expériences supplémentaires. Vous voulez de l'argent, l'âme sœur, la confiance, l'estime de soi, la réussite, la reconnaissance, la sagesse, l'enthousiasme, etc.

Que fait la vie? Elle vous propose des expériences à vivre afin d'obtenir ce que vous demandez. Et vous êtes submergé par des expériences qui n'étaient pas utiles pour vous dans cette vie. Mais vous n'arrêtez pas de tout désirer, tout vouloir, vous n'êtes jamais content, et vous créez chaque jour des situations inutiles. J'appelle cela la « déviance originelle ». Tout aurait très bien pu se passer dès le début. Vous utilisiez vos cinq sens pour voir où la vie voulait vous emmener et, sans vous poser de questions, avanciez, arpentiez votre chemin. La conscience, c'est-à-dire les mises en lumière successives, illuminait le chemin devant chacun de vos pas et c'était ce que l'on appelle « le paradis ». Le mental à votre botte, vos films ne pouvaient vous conduire dans des impasses car vous étiez attentif et ainsi vous ne vous retrouviez pas en « enfer ».

Mais au lieu de tout cela, dès le départ, trompé par les exemples que vous aviez sous les yeux (parents, professeurs, la société), vous vous êtes fourvoyé. Pas d'attention, pas de vigilance, pas de conscience, guidé par vos films, vous avez choisi une vie à peine plus élevée que celle d'un animal.

Pourquoi, d'après vous, dans l'exemple de l'introverti, ce dernier ne se tourne-t-il pas vers l'extraversion via les expériences que la vie lui présente sur un plateau d'argent ?

La peur du changement?

Oui. On peut même dire la fainéantise de sortir du confort du connu. La vie n'est pas prise comme un jeu d'aventure, alors on se cache dans ce que l'on connaît. C'est sécurisant et, de là, on peut écraser l'autre puisqu'on ne se risque pas au-dehors. Ainsi, un intellectuel va ridiculiser un manuel puisqu'il aura l'argent pour payer quelqu'un qui comblera ses lacunes et lui évitera de se salir les mains. Il utilisera ses connaissances pour dominer, écraser l'autre et, comme il fait le même métier depuis vingt-cinq ans, il sera intouchable dans son domaine qu'il considérera comme une bonne partie de son identité. En fait, c'est un gros fainéant, peureux, qui s'est cantonné à faire plusieurs fois le tour d'une infime partie de ce que lui propose la vie. Et il s'en sert pour écraser son prochain. Surtout le prochain qui, curieux et ouvert, prendra le risque de sortir le plus souvent possible de ce qu'il connaît. Avec le risque de ce que le fainéant appelle « l'échec ». Mais l'échec, c'est une vie d'immobilisme.

Les recherches ont prouvé qu'un élève bon en français et beaucoup moins bon en maths, par exemple, devrait travailler à fond ses mathématiques. Tout en maintenant, sans plus, son niveau de français, il ramènerait au même niveau les maths et le français comme les deux plateaux d'une balance. C'est alors que, chose étonnante, les deux matières vont, automatiquement et de concert, progresser ensemble.

Nous ne faisons pas cela. Si nous avons une qualité, nous allons la surdévelopper pour en mettre plein les yeux aux autres et nous assurer un certain confort, une certaine sécurité. Nous ne sommes pas complets, nous ne jouons pas, la vie ne nous intéresse pas.

Vous n'avez eu ici qu'une initiation aux signes de la vie. Je pourrais continuer en abordant la tendance de la journée. Chaque journée a une tendance donnée par la vie et que l'on peut deviner par l'observation : journée d'erreur, patience, au-delà des apparences, etc. Ce sera un fil conducteur dans votre façon d'aborder les gens et les événements ce jour-là.

Mais avant tout cela, il faut mettre en pratique les outils, la vigilance et la conscience.

Sinon ?

Sinon, vous allez vouloir voir les signes de la vie, les interpréter et suivre une direction. Mais vous allez vous planter. Pourquoi ? Parce que votre attention sera sélective, votre vigilance sera branlante et votre conscience, éteinte. De là, sans un entraînement suffisant, vous voudrez vous laisser guider par la vie. En fait, vous serez guidés par votre film qui vous mènera par le bout du nez. Vous ne savez pas faire la différence entre un signe de la vie et un signe récupéré pour le besoin de vos scénarios. D'ailleurs, personne ne le sait. Ce n'est écrit dans aucun livre et n'est dit dans aucune conférence et aucun stage… à part les miens.

À force d'utilisation des outils pour voir si vous êtes dans vos films, à force de vigilance pour vous centrer, à force de conscience pour mettre en lumière, vous verrez, chaque jour, les signes de la vie. Vous verrez que ce sont réellement des signes de la vie, et écoutez bien, là réside le secret, quand ces signes iront tous dans le même sens. À une question, par exemple, ils répondront « oui, oui, oui » ou « non, non, non ».

Si vous tentez de vous laisser guider par les signes en négligeant les outils, la vigilance et la conscience, alors ces signes vous diront « oui, non, peut-être » et partiront dans tous les sens. À l'image de votre esprit agité qui, tel un singe fou, veut aller dans toutes les directions. Surtout que, sans vigilance, vous verrez un signe sur cent ! Il sera donc difficile, avec une pièce de puzzle, de deviner la finalité.

C'est pour cela que, dans certaines conférences ou certains stages que j'anime, j'ai à faire à des personnes soi-disant guidées par les signes de la vie et se retrouvant avec une vie peu enviable. Elles sont plutôt guidées par leurs films ! Elles ne sont pas vigilantes et, de temps en temps, captent un « signe de la vie » et tricotent une histoire avec. Remarquez, elles ont plutôt intérêt parce que le prochain qu'elles verront, après en avoir raté cent cinquante, faute de vigilance, n'est pas tout de suite ! Elles tricotent donc une histoire à base d'analyse, allant plutôt dans leur sens, et ça peut donner des justifications, des contre-sens ou des délires mentaux assez comiques.

La dernière que l'on m'ait faite, c'est l'histoire d'un « coach chauffeur ». Ne cherchez pas, c'est un métier qui n'existe pas. Ce sont deux métiers en un.

C'est la mode des coachs. Des gens qui apprennent la vie aux autres mais ne mettent pas leurs dires en application dans leur propre vie. Si bien qu'ils leur faut un deuxième métier que l'on nomme « alimentaire » pour vivre. Cela donne des « coachs plombiers » et autres mises en scène fantaisistes.

Comme ce coach cherchait une orientation à sa vie, il décide soudainement, sans avoir jamais été vigilant, ni conscient, de « suivre les signes de la vie ». Il en trouve un qui, assurément, le guide. Il voit l'inscription « coach » sur un autocar (qui n'en est en fait que la traduction en anglais) et il lui apparaît alors comme évident que la vie lui demande de devenir chauffeur de car!

C'est la terrible loi des signes pris au hasard et arrangés à la sauce d'un bien pauvre scénario. Des milliers de gens « spirituels » font cela parce qu'ils sont trop fainéants pour être vigilants tout au long de la journée.

Afin d'éviter cela, c'est-à-dire l'extrapolation à partir d'une pièce d'un puzzle en contenant cinq ou dix, je vous encourage à utiliser les outils, à être vigilant et conscient. C'est la pratique quotidienne, sans attentes, qui vous ouvrira tout naturellement les portes de la magie de la vie.

Aide sous forme de supplément

Amusez-vous !

Voici des aides pour booster votre vigilance.

Ce qui va vous permettre d'optimiser votre vigilance, c'est l'amusement. Vous avez compris que, tel le petit bonhomme à l'écran, dans un jeu électronique, vous êtes ici pour jouer. Si vous ne jouez pas, si vous ne prenez pas de risques, si vous ne changez pas, alors, vous restez dans un certain confort, une certaine sécurité, et ça, c'est un film douillet. Vous n'êtes pas venus pour ça. Vous êtes des enfants, des aventuriers. Tout est propice à s'amuser.

La semaine dernière, le téléphone sonne. C'est un libraire qui cherchait à joindre l'inénarrable Ixav', diffuseur, distributeur de mes ouvrages. Sans réfléchir, parce que j'aime m'amuser, je me fais passer pour lui. Croyant donc avoir à faire au distributeur des livres, le libraire exprime son enthousiasme quant à la teneur de mes ouvrages. Il me dit les avoir lus deux fois de suite et me charge de complimenter Thierry Salmeron. À l'autre bout du fil, je jubile, je m'amuse comme un fou. Il me raconta alors que j'avais – en fait Ixav'– eu un contact froid avec sa femme lors de la présentation des livres mais que lui les mettrait en avant et les conseillerait vivement à sa clientèle. Et puis, intrigué par la personnalité de Thierry Salmeron, il me pose des questions sur lui :

— Je suis allé sur votre site internet, il y a la photo d'un homme, est-ce Monsieur Salmeron ? (Il y a, sur le site, deux photos de mannequins homme et femme, pour agrémenter la page).

— (Je ris). Ah non ! Les personnes en photo, sur le site, sont des mannequins. Avez-vous bien regardé celle de l'homme ?

— Euh, oui.

— Eh bien Thierry Salmeron, c'est exactement le contraire ! (Je me mords les lèvres pour ne pas rire).

— Oh non ! Vous ne pouvez pas dire ça ! Ce n'est pas sympa pour lui !

— On voit que vous ne l'avez jamais vu ! (Je jubile). Et puis attendez, je suis son distributeur, pas son attaché de presse ! Par contre, sur le site, vous avez dû voir la photo du mannequin féminin, elle est belle non ?

— Ah oui !

— Je pense que je peux vous avoir ses coordonnées si ça vous intéresse…

— Ah non ! Je suis marié moi, Monsieur !

— Je plaisantais !

Une conversation complètement détendue s'ensuivit. Ce sympathique libraire avait eu un échange avec quelqu'un qui s'amusait. Qui, tout en faisant les choses sérieusement, ne les prenait pas au sérieux…

Cette anecdote me permet de faire la transition avec une autre aide, capitale : les différents costumes ou les différentes facettes. Et nous sommes toujours dans l'amusement.

Changez de costume !

La semaine dernière, je visitais, avec des amis, un élevage d'escargots (!). J'écoutai avec sérieux les explications de l'homme qui nous présentait son activité. Il parlait au groupe, mais, le plus souvent, s'adressait à moi car, habitué à me centrer, je devais lui sembler le plus attentif. Je décidai de changer de costume.

— L'escargot se reproduit pendant douze heures et…

— Ah tiens, comme moi ! Fis-je, soudain.

Éclats de rire et déstabilisation du présentateur, plus par le changement de personnalité que par la remarque humoristique. Les gens restent figés sur leur personnalité et ne changent jamais. Sauf quand une expérience extrême les fait sortir de leur réserve. Ou quand ils ont bu et qu'ils perdent leurs inhibitions. Dans le cas de l'éleveur d'escargots, il s'est détourné de moi et a terminé l'exposé en s'adressant à un ami, jugé plus sérieux, en tout cas plus stable.

J'appelle cela « changer de costume », « explorer ses multiples facettes ». Ce n'est pas forcément faire le clown. J'aurais pu me comporter différemment, mettre un autre costume. Le présentateur aurait quand même changé d'interlocuteur. Les gens n'aiment pas le changement, ils appellent ça de l'instabilité. Quelqu'un qu'ils n'arrivent pas à classer les déstabilise. Si vous vous amusez, alors, comme dans une pièce de théâtre, vous enfilez un costume et vous jouez un rôle. Nous sommes composés de multiples facettes, nous sommes tout : père, amant, bricoleur, orateur, guerrier, tueur, pédophile. Il y a des facettes dont l'activation ne m'intéresse pas car elles peuvent porter préjudice. Mais, il y en a tellement d'autres à explorer, tant de rôles à jouer. Qu'est-ce qui nous empêche de changer régulièrement de costumes, de nous amuser ?

…

Ah oui, vous ne savez pas… Peu de gens le savent. Ils sont donc prisonniers d'un costume enfilé à la naissance et, à coup de petits aménagements superficiels, le gardent jusqu'à la mort.

Alors voilà la grande nouvelle : vous pouvez changer de costume. Ce que vous croyez être est une supercherie. Alors, qu'est-ce qui vous empêche de changer de costume ?

…

Le passé. L'attachement à une personnalité passée. Tout petit, on vous a dit que vous étiez comme ceci, comme cela. Vous vous êtes identifiés à ce qui passait à votre portée et vous avez créé quelqu'un, croyant que c'était vous. D'ailleurs, tous ceux qui vous connaissent, et qui ne changent jamais, vous maintiennent dans cette identité. C'est déstabilisant, pour des parents, un conjoint, des amis, des collègues, de voir quelqu'un changer. Cela les ramène à leur propre immobilisme. C'est vous et personne d'autre qui devez décider de ce que vous souhaitez être.

Quelqu'un qui, par exemple, a fait de la prison, n'est pas un « ancien taulard ». C'est terrible de se définir ainsi, on s'emprisonne de nouveau, mais cette fois-ci dans une identité. Dans ces cas-là, tout le monde devrait se présenter « ancien bébé »! Pourquoi avoir focalisé sur un aspect de sa vie passée, plus que sur un autre?

Certains changent radicalement car ils enfilent des costumes plus adaptés à leurs objectifs. D'autres pensent qu'ils doivent garder le même costume, à vie, et s'en accommoder, sous peine de se trahir. D'autres encore ont « le cul entre deux chaises », se laissant régulièrement rattraper par des comportements issus du passé, comme, par exemple, l'acteur

Sami Nacéri qui a montré que l'on pouvait changer de costume. Il est passé du costume voyou à acteur, mais est resté attaché à l'ancien costume car il a cru que cela faisait partie de lui. Or, à notre mort, quand nous rendrons le costume, nous nous apercevrons que nous n'étions rien de tout cela et, en même temps, que nous pouvions tout être et changer constamment sans garder trace de l'ancien. Explorez vos différentes facettes, changez de costume, c'est la dernière grande aventure humaine. Et c'est amusant.

Le stress : résistance au changement

Cela nous amène à une autre aide. Nous remarquons que le monde est stressé, nous consommons quantité d'antidépresseurs, d'anxiolytiques, de somnifères et autres médicaments. Le stress est une réaction face à une agression. Ces agressions sont le fruit de notre imaginaire et nous y adhérons. En fait, écoutez bien, ce stress est juste une résistance au changement. Nous figeons les choses par peur. Or, la vie est mouvement perpétuel. Nous devons passer régulièrement d'une réalité à une autre, comme, schématiquement, si nous passions d'une bulle de réalité à une autre. Ces bulles s'entrecroisent en un point, vous permettant de passer de l'une à l'autre. Au point de jonction des deux bulles de réalité, il y a un sas. Dans ce sas, il y a des turbulences, ça brasse. C'est là que vous devez abandonner l'ancien et entrer dans le nouveau. Ce sas, c'est ce que l'on nomme la dépression. Un médecin vous donnera des antidépresseurs qui vous ramèneront dans l'ancienne réalité. Mais si, dans ce sas inconfortable, vous faites un pas en avant, alors, vous vivrez une nouvelle réalité. Ce sera nouveau, donc, forcément, cela pourra générer de l'inquiétude. Tout changement provoque un stress. Si vous ne résistez pas au changement, si vous allez de l'avant, alors, l'excitation de la nouveauté, la vie, prendra le dessus sur la forte envie de retourner dans l'ancien, dans le connu, inconfortable, mais rassurant. En fait, vous choisissez entre la vie et la mort. Le secret est de ne pas résister au changement. Votre temps de dépression ne dépend que de vous : quelques secondes, quelques minutes, quelques jours ou une vie entière…

Tout est ambiance

Nous souffrons car nous voulons entrer de force dans des moules imposés sous forme de propositions par la société. Un idéal, une image, un cliché nous détourne de nous-même et nous fait oublier d'être simple. Voyez, par exemple, comme les publicités, les magazines féminins, en imposant un type de physique idéal, une vie idéale, sont devenus les bourreaux de la gente féminine. Et maintenant, c'est au tour des hommes.

Alors, nous mentons. Nous nous mentons. Comme les premiers rendez-vous d'un couple où chacun surjoue, ne montrant que ses meilleures facettes. C'est le mensonge initial de la séduction. Que va-t-il se passer ensuite ? Déception. Car on ne peut tenir très longtemps en surrégime. Bientôt, l'autre va voir les facettes que vous aviez cachées et que vous auriez dû présenter d'entrée.

On ne veut pas de vagues. Imaginez une mer sans vagues. Nous voulons absolument tout aplanir. Nous voulons éviter le conflit alors que celui-ci est bénéfique puisqu'il va ouvrir de nouveaux horizons et nous faire vivre de nouvelles expériences. C'est un jeu.

Un enfant, par exemple, ne se satisfait pas d'une vie plate dans laquelle ses parents lui épargnent tout. Un enfant aime un minimum de chaos où il expérimente. Il ne faut pas laisser un enfant tranquille, il aime qu'on lui fixe des limites. Un enfant est vivant. Imaginez un monde sans torrents joyeux, où ne seraient présentes que des flaques d'eau stagnante. Bonjour l'ennui.

Ce que nous recherchons tous, et c'est une autre aide, c'est l'ambiance. Chaque moment est une ambiance. Nous passons d'ambiance en ambiance. Si vous êtes réellement là, c'est-à-dire pas pris dans vos pensées, alors, vous êtes disponible au moment, à l'instant et donc à l'ambiance. Un conflit avec son conjoint ou un repas festif entre amis est une ambiance. Il est très agréable de profiter d'une ambiance, mais il est utile de participer à la mise en place et l'entretien de cette ambiance quelle qu'elle soit. Il y a une ambiance au petit-déjeuner, une autre dans la rue, quand je sors de chez moi, encore une autre alors que je converse avec un ami devant un verre, une ambiance différente alors que je suis seul, chez moi, etc. Tout n'est qu'ambiance et je dois en prendre conscience.

Ce sont des aides qui, combinées aux outils, à la vigilance et à la conscience, font de vous un acteur et un spectateur du jeu de la vie. Allez dans la vie et expérimentez, c'est là que ça se passe car n'oubliez pas, à votre mort, vous ne ramènerez ni vos richesses ni vos connaissances intellectuelles, seulement vos expériences vécues donc inscrites dans vos cellules…

Épilogue

Ce qui caractérise cet ouvrage est l'engagement à mener une vie pleine, sans peur, non par des paroles seules mais aussi et surtout par des actes pratiques.

Pour briser les cercles vicieux qui freinent notre évolution et nous empêchent d'accomplir notre propre destinée.

Enfin, un homme qui bouleverse nos idées reçues avec un langage d'une clarté et d'une sincérité qui nous entraîne dans l'expérimentation de notre vie.

Il permet au lecteur de redevenir acteur et spectateur de son univers. Si cette vie est un jeu, alors Thierry Salmeron nous en offre les règles.

À propos de l'auteur

Après de multiples questionnements existentiels, Thierry Salmeron se lance dans une quête effrénée vers différentes méthodes et croyances spirituelles, psychologiques et religieuses. Un spectaculaire accident avec « passage de l'autre côté » et une très grave maladie, dite incurable, le poussent à l'action ; la réponse se dévoile alors devant lui. En trois ans, il expérimente par la pratique plus de chose qu'en dix ans de temps.

Thierry Salmeron identifie la seule chose qui est à la racine de tous nos problèmes et découvre le mode de fonctionnement secret de l'esprit. Laissé sans surveillance, il l'avait entraîné dans des déviances spirituelles, religieuses et psychologiques… Il découvre alors que, pour arpenter son propre chemin, il doit passer de la compréhension intellectuelle à la prise de conscience, c'est-à-dire de l'immobilisme à l'action et au changement.

De cette dynamique, naissent ses fameux séminaires « satisfait ou remboursé » en France et à l'étranger ; le succès est immédiat. Il écrit alors cinq ouvrages, dont deux sont immédiatement publiés et traduits en plusieurs langues : *L'homme est un dieu… déguisé en âne* et *De la vision divine de l'âne… à la vision divine.* Une effervescence se crée autour de ce nouveau phénomène dénué de méthodes et de croyances qui nous ramène à l'origine, avant les complications, aussi naturellement que le fait de respirer…

Pour tout renseignement quant aux activités de Thierry Salmeron :

site internet : www.homme-vrai.com

ou

téléphone : +33 (0) 6 85 97 01 23

EXTRAIT DE NOTRE CATALOGUE

AUTRES REGARDS (essais)

Jacques RIFFLET, *Les mondes du sacré* (nouvelle édition)
Julien BEHAEGHEL, *Apocalypse, une autre genèse*
Julien BEHAEGHEL, *Le zodiaque symbolique*
Jean KAMP, *Ce grand silence des prêtres*
Gérard FOUREZ, *Cette foi-ci*
Johan LEMAN, *L'État-gruyère,*
mafias, visas et traite en Europe
Pierre de LOCHT, *et si j'étais nommé évêque*
Renaud DENUIT, *La cité harmonieuse selon Marx*
Ivone GEBARA, *Les eaux de mon puits*
Philippe GRASSET, *Chronique de l'ébranlement,*
des tours de Manhattan aux jardins de l'Elysée
Armand LEQUEUX, *Phallus & cerises,*
la "tendre" guerre des sexes
Marie-Thérèse FOUREZ, *Lettre à mes grands petits-enfants,*
quel est ce désir qui nous invite à l'amour?
Pierre DESSY, *La nudité de Dieu*
Léon SAUR, *Le sabre, la machette et le goupillon*
Rik COOLSAET, *Le mythe Al-Qaida*
François-Xavier NEVE, *Confiance dans l'azur*

***AUTRES SILLONS** (romans, récits)*

Huguette de BROQUEVILLE, *Uraho? Es-tu toujours vivant?*
Marie DENIS, *Célébration des grands-mères*
Sarah BERTI, *Un amour…*
Sarah BERTI, *Qui a tué mamie Grababelle?*
Sarah BERTI, *Classe story*
Bernard WUILLAUME, *L'or des saints*
Renaud DENUIT, *Nietzsche-à-Nice*
Jacques LAFFINEUR, *Carrefour Léonard*
Paul d'OLBECKE, *Les cahiers de Romsey*
Éric de BROQUEVILLE, *Le secret de Paul*
Raphaël JACQUERYE, *La faim des magiciens*

ÊTRE ET CONSCIENCE

Bruno HUMBEECK, *L'humour pour aider à grandir*
Bruno HUMBEECK, *L'estime de soi pour aider à grandir* (à paraitre)
Bruno HUMBEECK, *Parler de soi pour grandir* (à paraitre)

***FAITS DE SOCIETE** (témoignages, actualité)*

Micheline PHILIPPE, *Je dors pour toi*
Regina LOUF, *Silence! On tue des enfants* (nouvelle édition)
Diane DRORY, *Faut-il sacrifier le Nom-du-père?*
Paul VAUTE, *Voie royale*
Pol-Marie et Christiane BOLDO, *Tout enfant est une histoire sacrée, l'adoption différente*
Jean SUYS, *Je vendais de la Skol sur le fleuve Zaïre*

PETITE COLLECTION

Henri-Géry HERS, *Lettre à un jeune fumeur*
Jean-Pierre BUYDENS, *Le médicament entre science et magie*
SUNDARI, *Sagesse & humanisme*

Mise en page Sud Compo 66140 - Canet en Roussillon

Achevé d'imprimer en décembre 2007
sur les presses de Normandie Roto Impression s.a.s.
61250 Lonrai
N° d'impression : 073693
ISBN : 978-2-87402-102-2
Dépôt légal : D/8023/2007/10

Imprimé en France